DIE KLUGEN KÖNIGINNEN

Sechs legendäre Herrscherinnen Ägyptens:
Von Nofretete bis Kleopatra

Kathlyn Cooney

NATIONAL GEOGRAPHIC

Dieses Relief aus dem Totentempel der Hatschepsut zeigt eine Prozession von Soldaten, die Äxte und Baumzweige tragen. Es könnte eine Darstellung von Hatschepsuts berühmter Handelsexpedition nach Punt sein, von der zahlreiche Luxusgüter mitgebracht wurden, darunter verschiedene Baumarten. *Vorige Seite:* „Kleopatra auf den Terrassen von Philae" von Frederick Arthur Bridgman (1847–1928).

INHALT

EINLEITUNG

DIE HERRSCHAFT DER KLUGEN KÖNIGINNEN

Ein ptolemäischer Goldarmreif aus der Zeit Kleopatras. Die beiden gewundenen Schlangen sind Symbol für Schutz und Erneuerung.

Es gibt einen Ort auf unserem Planeten, an dem vor Tausenden von Jahren immer wieder Frauen mit uneingeschränkter Macht regierten, obwohl sie in einer männlich dominierten Gesellschaftsordnung lebten. Das Alte Ägypten stellt eine Ausnahmeerscheinung dar. Als einziges Land verließ es sich immer wieder auf Frauen, um das System funktionsfähig zu halten und das Land vor Unfrieden zu bewahren. Vor allem wenn eine Krise bevorstand, galt es, auf diese Weise ein stabiles Fundament zu sichern. Die meisten dieser Frauen regierten als ägyptische Gottkönige in Menschengestalt und keineswegs nur in einer Machtposition hinter einem Mann auf dem Thron. Sechs von ihnen – Meritneith, Nofrusobek, Hatschepsut, Nofretete, Tausret und Kleopatra – stiegen in höchste Positionen auf und übten als eigenständige Staatsoberhäupter bedeutenden Einfluss aus. Sie alle begannen als Königinnen – als „sexuelles Gefäß" ihres Königs –, doch jede avancierte zur obersten Entscheidungsträgerin. Fünf von ihnen dienten als weiblicher Pharao. Zwar muss jede dieser Frauen auch die für ein solches Amt notwendige Würde sowie Geschick, Intelligenz und Gespür besessen haben, doch es war auch das ägyptische System, das ihre Regentschaft brauchte und sie daher an die Macht brachte.

Die Geschichte der großen ägyptischen Königinnen birgt einige Überraschungen und dunkle Wendungen. Als politische Strippenzieherinnen waren die Herrscherinnen darauf vorbereitet, komplexe Aufgaben und wichtigste Leitungsfunktionen zu bewältigen und die Figuren auf dem Schachbrett in

Anubis (Mitte), Hüter der Tore zur Unterwelt, steht vor einer königlichen Mumie. Das Gemälde stammt aus dem Grab des jungen Königs Siptah, um 1191 v. Chr.

ihrem Sinne zu bewegen. Aus einer anderen Perspektive betrachtet, waren sie allerdings vollkommen machtlos und selbst Schachfiguren in einem patriarchalischen System. Ihre Macht, wenngleich verbunden mit Positionen von realer und formaler Autorität, war von Übergang geprägt. Diese Königinnen waren Platzhalter für die rechtmäßigen männlichen Regenten, die entweder zu alt oder zu jung für die Herrschaft oder noch gar nicht geboren waren. Nicht selten löschten die Männer, die ihnen nachfolgten, ihre Namen aus den offiziellen, vom Königstempel verfassten „Königslisten". Oder sie ließen sie ganz einfach weg.

Um die seltsame und widersprüchliche Erzählung von weiblicher Macht zu verstehen, wollen wir uns diesen Frauen selbst zuwenden. Wir blicken auf eine außergewöhnlich lange Zeitspanne von 3000 Jahren, eine Zeit voller Höhen und Tiefen, in denen diese Frauen, an die man sich heute nur teilweise erinnert, die Geschicke ihres Landes mitbestimmten.

Meritneith, eine der frühesten Verkörperungen weiblicher Macht aus dem Alten Ägypten, herrschte in der Mitte der ersten Dynastie (3000–2890 v. Chr.), in den Anfängen des ägyptischen Reichs, als das Königtum noch neu

Ihre Macht, wenngleich verbunden mit Positionen von realer und formaler Autorität, glich eher einer kurzfristigen Illusion.

Rechts: „Nofretete in ihrem königlichen Streitwagen" von Fortunino Matania (1881–1963).

Unten: Diese Kreiselscheibe mit Alabastereinlage könnte dem Spiel gedient haben. Sie wurde in der Grabkammer des Hemaka gefunden, Kanzler des Pharao Den während der 1. Dynastie.

und grausam war. Zwar nahm sie niemals eine offizielle Stellung ein, doch sie taucht in Königslisten als jene Person auf, die die Regierungsgeschäfte für ihren Sohn, König Den, führte, weil dieser das Königsamt in zu jungen Jahren übernehmen musste.

Elf Dynastien später, in der 12. Dynastie (1985–1773 v. Chr.), konsolidierte Nofrusobek die Macht, die Meritneith lediglich dank der Männer und Knaben in ihrem Umkreis ausgeübt hatte. Nofrusobek war die erste Frau, die das ägyptische Königtum in ihrem offiziellen Titel führte. Als Alleinherrscherin regierte sie vier Jahre lang und erreichte so, was Meritneith nicht gelungen war.

In der 18. Dynastie (1550–1295 v. Chr.) etablierte Hatschepsut das mächtigste weibliche Königtum, das Ägypten je gesehen hatte. Ihre Regentschaft zeichnete sich durch Innovation, kluges strategisches Handeln und Ausdehnung des Imperiums aus und bescherte ihrem Land Wohlstand. Möglich geworden war ihr Königtum, weil ihr Gatte und Halbbruder Thutmosis II. jung gestorben war und keinen Thronerben hinterlassen hatte. Weil Hatschepsut keinen Sohn hatte, der ihr Vermächtnis hätte fortführen können, wurde ihr Name aus den religiösen und historischen Aufzeichnungen gelöscht.

Ein Jahrhundert später, gegen Ende der 18. Dynastie, bediente sich Nofretete einer anderen Taktik, um an die Macht zu gelangen. Es ist nicht verwunderlich, dass Ägyptologen noch immer darüber streiten, ob Nofretete überhaupt das Königtum erlangte. Unstrittig ist, dass sie Ägypten nach einer Periode großer Unruhen auf den Weg der Konsolidierung brachte. Nofretete bleibt uns als eine große Schönheit im Gedächtnis, für ihr feines Gesicht voller Anmut und Sinnlichkeit. Folgt man jüngeren Untersuchungen, dann war sie womöglich noch viel mehr.

Während der 19. Dynastie (1295–1186 v. Chr.) gelang Tausret durch ihren Gemahl und einen königlichen Erben der Zugang zur Macht. Als mutige Alleinherrscherin verzichtete sie auf geheime Identitäten, neue Namen oder Maskulinisierung. Ihr Grab im Tal der Könige zeigt sie als weiblichen König. Nach ihr ruhte die weibliche Macht in Ägypten für tausend Jahre. Das Land, in dem Frauen wiederholt aufgestiegen und bis an die Spitze gelangt waren, fiel unter fremde Herrschaft. Dann betrat Kleopatra VII. die Szene. Als Mitglied einer mazedonisch-griechischen Herrscherfamilie gehört sie streng genommen gar nicht auf die Liste ägyptischer Königinnen. Doch auch sie regierte Ägypten und wusste vermutlich von den großen Frauen, die vor ihr auf dem Thron saßen. Kleopatra war eine meisterhafte Taktikerin, die ihre Beziehungen ebenso zum Wohle Ägyptens wie auch für ihre eigenen Ziele zu manipulieren wusste.

Ägyptens politisches System ermöglichte diesen Frauen die Regentschaft – es verlangte geradezu, dass sie die Arena der Macht betraten. Auf den folgenden Seiten versuchen wir, dies zu verstehen und die Strategie jeder einzelnen Königin zu analysieren. Die meisten Frauen gelangten nicht durch Gewalt an die Macht, sondern durch politischen Konsens. Sie waren sich der Notwendigkeit bewusst, ihre Macht ständig absichern zu müssen, anstatt sich in die Brust zu werfen und Kriegstrommeln zu rühren. Das machte sie in Momenten der Krise unentbehrlich. Die ägyptische Gesellschaft erhob ihre Königinnen und ließ sie an die Spitze aufsteigen, weil Frauen gewöhnlich nicht zu militärischen Eroberungen und ungestümen Aggressionen neigen.

Das bedeutet nicht, dass die Herrscherinnen ausschließlich friedfertig waren. Hatschepsut befahl grausame Strafexpeditionen, Tausret war vermutlich in das Attentat auf einen Kanzler involviert. Im Allgemeinen jedoch tendierten die weiblichen Herrscher nicht dazu, Kriege gegen die eigene Bevölkerung anzuzetteln. Meist entpuppten sie sich als kluge Wahl für ein besonnen agierendes Ägypten.

Vor langer Zeit in einem fernen Land hatten Frauen mit einer Regelmäßigkeit das Sagen, die Historiker heute verblüfft. Ägypten unterstützte weiblichen Ehrgeiz im Wissen, dass dieser das Land auf einen umsichtigen und stabilen Kurs lenkte. Sehen wir uns an, wie diese Frauen es an die Spitze ihrer Gesellschaft geschafft haben.

DIE AUTORIN

Kathlyn Cooney ist Professorin für ägyptische Kunst und Architektur an der University of California (UCLA) in Los Angeles. Ihr Spezialgebiet sind handwerkliche Produktion, die Erforschung von Sarkophagen sowie Wirtschaftssysteme der Alten Welt. Ihren Ph.D. in Ägyptologie erhielt sie an der Johns Hopkins University.

Diese Augabe von NATIONAL GEOGRAPHIC Special basiert auf Cooneys Buch „When Women Ruled the World: Six Queens of Egypt", erschienen 2018.

In ihrer aktuellen Forschung über die Wiederverwendung von Sarkophagen konzentriert sich Cooney vor allem auf die 19. bis 21. Dynastie. Sie untersucht die sozioökonomischen und politischen Unruhen dieser Periode, welche auch die Gräber und Begräbnispraktiken im Alten Ägypten beeinflussten. Sie untersuchte und dokumentierte fast 300 Särge, darunter jene aus Sammlungen in Kairo, London, Paris, Berlin und im Vatikan.

Die Karnak-Tempelanlage im ägyptischen Luxor bei Sonnenaufgang. Sie stammt aus der Zeit von etwa 2055 v. Chr. bis um 100 n. Chr. und gilt als größtes jemals errichtetes religiöses Bauwerk.

KAPITEL EINS

MERITNEITH
BLUTIGE ZEITEN

Fast 5000 Jahre liegt die Regentschaft von Meritneith zurück, der Königin der ersten Dynastie Ägyptens (3000–2890 v. Chr.). Weil ihr Sohn für die Alleinherrschaft noch zu jung war, bestieg sie den Thron. Archäologen entdeckten ihren Namen mit dem Titel der Mutter des Königs auf Siegeln und Versiegelungen aus ihrem Grab und in der Grabanlage ihres Sohnes Den, der sie später als König ablöste. Offenbar stellte ihre Wahl das geringste Risiko für die Fortführung der königlich-dynastischen Linie dar. Als königliche Mutter besaß sie die Autorität, um ein womöglich aufsässiges und verwöhntes Kind zu bändigen. Sie würde sich um dessen Erziehung zum Regenten und Krieger kümmern. Sie würde sicherstellen, dass sein Harem voller schöner junger Frauen war, die potenzielle Nachfolger gebären würden. Meritneiths Aufgabe war es, die Machtposition ihrer Familie zu erhalten. Ihre Stellung gewährte auch ihr außergewöhnliche Befugnisse.

Linke Seite: Die Architektur der Djoser-Pyramide geht zurück auf Grabbauten wie Meritneiths stufengegliederte Mastaba in Abydos.

Unten: Der Palermostein ist ein Bruchstück des Annalensteins der 5. Dynastie. Er listet die Könige der ersten Dynastien auf.

Was wissen wir über die Welt, in die Meritneith hineingeboren wurde? Als sie ein junges Mädchen war, stand das ägyptische Königtum in vollem Glanz. Der neue König Djer, wahrscheinlich ihr Vater, war der zweite Herrscher aus Ägyptens 1. Dynastie, einer Abstammungslinie, an deren Anfang ihr vermutlicher Großvater König Aha stand. Zuvor hatten verschiedene Kontrahenten um die Macht im Königtum gekämpft und immer mehr Gebiete im Niltal und Nildelta zusammengefügt, bis es zur endgültigen Vereinigung der beiden Regionen im Norden und Süden kam.

MACHTERHALT

Den Tod eines Königs begleiteten Sorgen, Zweifel und Unsicherheit – das galt vor allem für die Zeit, als das Königtum noch in seinen Anfängen steckte. Aus diesem Grund versuchten die Könige der 1. Dynastie, ihre Macht mit Menschenopfern zu festigen. Ohne Skrupel ermordeten sie just jene Angehörige von Eliten, mit denen sie den Wein geteilt, am selben Tisch gespeist oder die sie nachts umarmt hatten.

Rechte Seite: **Die Stele des Schlangenkönigs bezieht sich vermutlich auf König Djet. Sie wurde in Abydos gefunden.**

Unten: **Der Keulenkopf des Narmer stammt aus der Regierungszeit König Narmers, des ersten Königs der 1. Dynastie.**

MENSCHENOPFER FESTIGEN DIE MACHT

Die Bestattung von Menschenopfern stellte im entstehenden Königtum eine Machtdemonstration dar. Sie wurden ausgerechnet von jenen elitären Kreisen frequentiert und unterstützt, die damit in ihre Schranken verwiesen werden sollten: den Angehörigen der Führungsschicht im Inneren des Machtzentrums, die dem König theoretisch hätten gefährlich werden können. Die Praxis funktionierte: Das blutige Spektakel sicherte die tiefe Verehrung der Autorität, festigte den Status quo und zementierte so das patriarchalische Machtgefüge. Unter den Geopferten finden sich weder Kriegsgefangene noch Sklaven, sondern Frauen und Männer der Oberschicht – die Jungen und Gesunden, die Hochrangingen und Einflussreichen. So wurden zum Beispiel außerhalb der vier Mauern der Grabanlage von König Djet, Meritneiths Bruder-Gatten, mindestens 269 Tote bestattet. Mindestens 318 weitere Opfer lagen in den Gräben rund um die eigentliche Grabstätte. Der erste Tag eines neuen Königtums in der 1. Dynastie war also nicht durch fröhliche Feierlichkeiten gekennzeichnet, sondern durch Verlust und tiefe Trauer. Dies war kein Triumph. Es war das brutale Leid öffentlich zelebrierter Menschenopfer, die vielleicht Wochen oder sogar Monate andauerten und Hunderte Personen ihr Leben kosteten.

Umm el-Qaab ist eine Königsnekropole aus der Frühdynastischen Periode um 3100 v. Chr. König Djer wurde vermutlich hier bestattet, gemeinsam mit fast 600 geopferten Gefolgsleuten, darunter Hofbeamte.

DIE KÖNIGIN-REGENTIN

Nach dem Tod ihres (vermutlichen) Vaters König Djer stand Meritneith nicht auf der Todesliste. Stattdessen musste sie in den Harem des Nachfolgers eintreten, ihres (vermutlichen Halb-)Bruders Djet, um dort als eine seiner zahlreichen Frauen zu dienen. Als Djet starb, hinterließ er viele Angelegenheiten ungeregelt, darunter die Nachfolge. Die potenziellen Erben waren viel zu jung, die Führungsschicht war entsprechend besorgt. Die erste dokumentierte Erbfolgekrise Ägyptens traf den Regionalstaat in seiner Entstehungsphase. Der auserwählte Sohn, Den, war zu jung, um allein regieren zu können. Dens Mutter Meritneith wurde die Aufgabe übertragen, alle praktischen Entscheidungen für ihn zu treffen. Sie wurde eine der ersten dokumentierten in einer langen Reihe von Königin-Regentinnen, die für ihre Söhne die Regierungsgeschäfte übernahmen, bis diese in die Rolle des Königs hineingewachsen waren. Der beste Beweis, den wir dafür haben, ist Meritneiths Aufnahme in eine Reihe von Königslisten.

Meritneith wurde eine der ersten in einer Reihe von Königin-Regentinnen, die für ihre Söhne regierten.

DAS BEGRÄBNIS EINES KÖNIGS

Die MacGregor-Plakette aus der Zeit um 3100 v. Chr. stammt wahrscheinlich aus dem Grab des Königs Den. Die Inschriften lassen vermuten, dass sie ursprünglich an seiner Sandale angebracht war. Das Elfenbeintäfelchen sollte sicherstellen, dass der König von jenen, denen er im himmlischen Reich begegnete, erkannt wurde. Es zeigt eine Darstellung von König Den, der seine Keule gegen einen Gefangenen schwingt.

Meritneiths erste Verpflichtung als Regentin bestand darin, ihren Gemahl König Djet zu bestatten. Zu dem Zeremoniell zählten abermals Menschenopfer und materielle Ausschweifungen. Für den jungen König Den und seine Mutter bedeutete dieses Ritual mehr als die grausame Untermauerung des königlichen Herrschaftsanspruchs. Ein unreifer König bot die perfekte Gelegenheit für Widerstand, Revolte oder Attentat. Besser also, alle Bedrohungen gleich zu Beginn des fragilen Königtums im Keim zu ersticken und der Welt zu demonstrieren, dass der nächste König, obschon noch im Knabenalter, die alleinige Gunst der Götter genoss.

Und so begrub Meritneith ihren toten Gemahl mit mindestens 328 Menschenopfern, deren Zahl nur noch vom Begräbnis ihres Vaters übertroffen wurde. Wie die Stelen zeigen, handelte es sich bei den für König Djet Geopferten um einflussreiche Gefolgsleute. In den meisten Gräbern liegen junge Männer, doch es gibt auch eine verstörende Anzahl von weiblichen Leichnamen sowie ein Kind. Meritneith sorgte dafür, dass das Grab mit allen materiellen Besitztümern ausgestattet war, die ein König im himmlischen Reich brauchen würde, darunter ein Zauberstab aus Elfenbein, Mobiliar, Werkzeuge, Sandalen, goldene Utensilien und natürlich Menschen. Ihr Name ist auf immer mit diesen blutigen Ritualen verbunden.

MERITNEITHS STAMMBAUM

1. DYNASTIE

NARMER x NEITHHOTEP

BENERIB x **AHA** x CHENETHAPI

HERNEITH x **DJER** x NACHTNEITH

DJET x **MERITNEITH**

SERETHOR x SESCHEMETKA x **DEN** x SEMAT

ANEDJIB

x = Ehepartner
X = vermutlicher Ehepartner
—— = Kind
- - - = vermutliches Kind
fett = König

DIE NEKROPOLIS IN ABYDOS

Als Meritneiths Grab im Jahr 1900 entdeckt wurde, hielt man es zunächst für die Ruhestätte eines Königs. Sie wurde in der Nekropole von Abydos beigesetzt, neben den großen Monarchen der 1. und 2. Dynastie. In Bauweise, Materialien und Ausmaßen glich ihr Grab denen der Männer vor und nach ihr. Anhand einer Königsliste erkannten Archäologen, dass Meritneith eine Frau war – wahrscheinlich eine Königin.

Die Grabstele der Königin Meritneith stammt aus der 1. Dynastie um etwa 2940 v. Chr. Das Kalksteinrelief wurde in Abydos gefunden und befindet sich heute im Ägyptischen Museum in Kairo.

MERITNEITHS GRAB

Meritneiths Grab im Süden Ägyptens war ein präzise ausgeführtes Bauwerk. Die unterirdische Grabkammer wurde in den Sandboden gegraben und mit Lehmziegeln verkleidet. Von ihrem Leichnam findet sich keine Spur mehr, doch muss er sorgfältig vorbereitet in die zentrale Kammer gelegt worden sein.

120 Menschenopfer begleiteten ihren Leichnam. Die Lehmziegelkammern ihres Grabs enthielten Grabbeigaben: Tongefäße, die einst mit Bier, Wein, Olivenöl, parfümierten Salben, Honig und weiteren Nahrungsmitteln gefüllt waren. Viele Artefakte tragen Dens Namen, da dieser ihr die Ehre zuteil werden ließ, in der königlichen Nekropole bestattet zu werden.

JEDES OPFER BEKOMMT SEINEN RAUM

In Meritneiths Grab findet sich Schönes wie Schauriges. Rundherum gab es grausige, mit den Körpern der Toten gefüllte Gräben, getrennt durch einfache Ziegelmauern – alle geopferten Menschen sollten im nächsten

Leben einen Raum für sich haben. An Meritneiths Grabstätte wurden 41 Skelette gefunden, die den Leichnam ihrer Gebieterin umringten und schützten. Weitere 79 Seelen waren in ihrem Talbezirk bestattet worden.

Wie andere Herrscher ihrer Zeit hatte auch Meritneith ein zweites Grab im Norden, nahe der Hauptstadt Memphis. Es enthielt einige Dutzend Opfergräber. Hier bekam sie ein Begräbnis mit einer Sonnenbarke, mit der sie durch die Milchstraße zu den Nördlichen Unzerstörbaren Sternen übersetzen sollte, wo die Könige weilten – keine geringe Ehre für eine Königin-Regentin und vermutlich von ihrem Sohn gewährt. Dieses Zeremoniell stellte sie auf die gleiche Stufe mit jedem männlichen Herrscher in der Nekropole. Weil Meritneiths Tod weder die Wahl eines Nachfolgers erforderte noch irgendein politisches Statement nach sich zog, mussten ihr weniger junge Mitglieder der Gesellschaft in den Tod folgen. So bewahrte Meritneiths Herrschaft das Königsgeschlecht nicht nur zu einem heiklen Zeitpunkt. Am Ende minderte sie auch die brutalen Auswirkungen der Opferbestattungen auf das ägyptische Volk.

DIE GÖTTIN NEITH

Meritneiths Name ist verknüpft mit der Schutzgöttin Neith, einer der ältesten und grimmigsten weiblichen Gottheiten Ägyptens. Oft wird sie mit der Roten Krone des Nordens auf dem Kopf dargestellt. Als grausame Beschützerin des Königtums steht Neith dabei auch für die dunkle Seite der weiblichen Macht. Meritneiths Name war also gut gewählt – bedenkt man, welche Gräuel sie anordnete, um ihre königliche Abstammungslinie zu schützen.

Dieses Gemälde der Göttin Neith (l.) stammt aus dem Grab der Nefertari (ca. 1255 v. Chr.).

VERMÄCHTNIS

Was bleibt von einer Frau, die ihr ganzes Tun dem Fortbestand des Königtums verschrieb? Meritneiths Königsgrab spricht dafür, dass sie von ihrem Volk als wichtige Regentin geehrt wurde. Auch die glorreiche Herrschaft ihres Sohnes, König Den, als dessen Platzhalterin sie für einige Zeit die Weichen gestellt hatte, darf ihrer klugen Erziehung zugeschrieben werden. Dennoch geriet ihr Name, mit dem sich Ruhm und Schrecken verband, schneller in Vergessenheit als die Namen der männlichen Regenten.

Unten: Diese Keramikvase stammt aus dem Grab des Qaa, des letzten Königs der 1. Dynastie. Sie ist typisch für die Art von Grabbeigaben, die man wohl auch in Meritneiths Grab gefunden hätte, doch sie sind nicht erhalten.

KÖNIG DEN

König Den war Meritneiths größtes Vermächtnis. Auf dem Höhepunkt der Dynastie baute sie ihren Sohn zum Herrscher auf. Mit Geschick und Talent begabt, wuchs er mit seinen königlichen Aufgaben. Er war der Erste, der den Titel „Herr über Ober- und Unter-Ägypten" trug, was jeder König nach ihm übernehmen sollte. In seinem Grab erhalten sind Darstellungen, wie er Feinde aus Vorderasien besiegt, vermutlich auf einem Feldzug in die Levante, der als „die erste Niederschlagung des Ostens" bezeichnet wurde. Auch diese Aktion sollte später von anderen ägyptischen Kriegerkönigen nachgeahmt werden, etwa von Thutmosis III., einem jungen König, der wie Den von einem weiblichen Regenten ermächtigt wurde. Als einer der ersten ägyptischen Könige hinterließ Den Inschriften auf der Halbinsel Sinai, deren Beduinenbevölkerung er unter seine Kontrolle zu bringen versucht hatte. Inklusive Meritneiths Regentschaft soll seine Herrschaft 42 Jahre gedauert haben. In dieser erstaunlich langen Zeit gelang es ihm, seine Macht über Ägyptens Grenzen hinaus in den entferntesten Regionen zu etablieren und weiter auszudehnen als jeder vorangegangene König. Er war ebenso Krieger wie frommer Hohepriester, dessen Regentschaft in eine Blütezeit fiel.

Die 5000 Jahre alten Plankenboote sind die ältesten Schiffe ihrer Art, die je gefunden wurden. Aufgereiht wie eine Flotte, liegen sie in Lehmziegel-Gräbern neben dem Talbezirk eines Königs aus der 1. Dynastie in Abydos. Meritneiths Talbezirk könnte ähnlich ausgesehen haben.

ÄGYPTENS WEGBEREITERIN

Meritneith war Ägyptens Wegbereiterin, und es war ihre Regentschaft, die Ägyptens Königtum rettete. Dennoch sollte die Erinnerung an sie kurzlebig sein. Ihr Name erscheint zwar auf einer Königsliste, die im Grab ihres Sohnes gefunden wurde. Bereits auf Inschriften aus der letzten Phase der 1. Dynastie im Grab des Qaa, eines Nachfolgers von Den, wird Meritneith nicht mehr erwähnt. Tausende Jahre später dokumentierten die Ramessiden-Könige ihre Macht, indem sie versuchten, eine Verbindung zu den Königen aus sehr alter Zeit herzustellen. Auch sie nahmen Meritneith nicht in ihre Reihen auf. Wie so viele königliche ägyptische Frauen wurde Meritneith von einem patriarchalen System benutzt, als es zweckdienlich war, da ihre Rolle als königliche Tochter, Gemahlin und Mutter ein umsichtiges Verhalten erforderte statt riskanter Aktionen. Sie war gefordert, das Land und sein Volk zu führen – dann aber wurde sie aus den Annalen der Geschichte getilgt. Dennoch, Meritneith war Regentin. Die nächsten Königinnen Ägyptens sollten ihre Macht konsolidiert sehen – sie sollten den Titel eines Königs tragen.

König Den war Meritneiths größtes Vermächtnis. Auf dem Höhepunkt der Dynastie baute sie ihren Sohn zum Herrscher auf.

KAPITEL ZWEI

NEFRUSOBEK
DIE LETZTE ÜBERLEBENDE

Königin Nefrusobek betritt die Bühne der Geschichte am Ende ihrer Dynastie, als die Auswirkungen von Inzest in ihrer Familie bereits in vollem Umfang spürbar gewesen sein müssen. Ihre Vorfahren der 12. Dynastie (1985–1773 v. Chr.) hatten ihre Hauptstadt an einen neuen und unberührten Ort verlegt: an einen grünen Seitenarm des Nils südlich von Memphis. Itj-Taui wurde die neue Hauptstadt am Eingang der Fayyum-Oase genannt, die Nefrusobeks Vorfahr Amenemhet I., der erste König der 12. Dynastie, gegründet hatte. Zu seiner Zeit war die Abstammungslinie noch jung und unverbraucht.

Es war ein reiches Gebiet mit intensiver Landwirtschaft, eine Oase der Schönheit und Ruhe. Nah genug bei Memphis gelegen, um Verbindungen zu dessen altem Geldadel zu halten, und weit genug entfernt, um eine von ihm getrennte Machtbasis zu schaffen. Das Fayyum war die Visitenkarte der Herrscher der 12. Dynastie. In den Augen der Ägypter war es auch das Reich des Gottes Sobek, des kämpferischen Krokodilgottes des Nils, dem Nefrusobek einen Teil ihres Namens verdankte.

Nefrusobek wurde vermutlich gegen Ende der 45-jährigen Regentschaft ihres Vaters Amenemhet III. geboren. Sie hatte eine ältere Schwester namens Neferuptah, die ihren eigenen betagten Vater heiraten und die Stellung einer Königsgemahlin einnehmen sollte. Nefrusobek hatte womöglich selbst auf den Tag gewartet, an dem sie ihren Vater heiraten und Königsgemahlin werden würde. Wie sich zeigte, war sie allerdings für Höheres bestimmt.

Linke Seite: Der Torso von Nefrusobek zeigt den weiblichen König in typisch weiblicher und auch männlicher Kleidung. Als sie den Thron bestieg, wurde diese Statue möglicherweise überarbeitet, um die ikonografischen Attribute des Königtums hinzuzufügen: den Schendit-Schurz und das Nemes-Kopftuch.

Unten: Ein Pektorale, ca. 1887–1878 v. Chr., entworfen zu Ehren von König Sesostris II., Nefrusobeks Urgroßvater. Es wurde neben anderen antiken Schmuckstücken im Grab von Sithathoriunet, der Tochter des Königs, gefunden.

DER KÖNIGLICHE HAREM

Der eigentliche Zweck des Harems war die Steigerung der Reproduktion eines einzigen Mannes: des Königs. Mitunter wurden auch Prinzessinnen eroberter Länder als Friedenspfand in den Harem des Pharao gebracht. Zu dessen Hauptaufgaben gehörte es, den Harem so oft es ging zu besuchen, um möglichst viele Frauen zu schwängern und so Ägyptens Zukunft zu sichern. Es war nicht nur eine politische Strategie, es war eine heilige Pflicht.

Skarabäus-Amulette waren im Alten Ägypten sehr beliebt. Diese Objekte konnten aus Edelmetallen geschnitten oder aus ägyptischer Fayence, einer frühen Form von Glas, hergestellt sein.

FAMILIENDYNAMIK

Inzest war ein ernsthaftes Problem in der königlichen Abstammungslinie. Die Ägypter wussten sehr wohl, dass Beziehungen zwischen Vater und Tochter oder Bruder und Schwester zu weniger lebensfähigen, weniger attraktiven und weniger gesunden Nachkommen führen würden. Doch die ägyptischen Monarchen sahen das anders. Tatsächlich galten solche Verbindungen in mehr als einer Hinsicht als vorteilhaft.

Die politischen und wirtschaftlichen Gründe für die Praxis des Inzests waren nicht von der Hand zu weisen. Heiratete eine hochwohlgeborene Prinzessin ihren eigenen Bruder, wenn dieser König wurde, dann blieben Reichtum und Einfluss innerhalb des königlichen Haushalts gesichert.

Nicht selten stand die ägyptische Königsfamilie vor einer schwierigen Wahl: die Macht in der Familie zu erhalten und dabei gesundheitliche Probleme zu riskieren – oder Ehepartner außerhalb der Abstammungslinie zu wählen, um biologisch gesündere Nachkommen zu produzieren. Entschied man sich etwa für eine Frau aus einer mächtigen Provinzfamilie, galt es einzukalkulieren, dass deren Vater eine Schlüsselrolle am Hof und ein höheres Einkommen beanspruchen würde.

LEBEN IM HAREM DES KÖNIGS

Die Geschichte von Nefrusobek und wie sie ihre königliche Macht vergrößerte und festigte, ist leider unvollständig. Höchstwahrscheinlich liegen die Ursprünge im Harem – einer Institution, die geschaffen wurde, um die königliche Erbfolge so nahtlos und unanfechtbar wie möglich zu gestalten. Nefrusobek wurde in eine Zeit von größtem Überfluss hineingeboren. Weil ihre Mutter dem Harem von König Amenemhet III. angehörte, wurde Nefrusobek als Tochter des Königs aufgezogen. Bestimmt kannte sie sich gut mit den raffinierten Intrigen der Haremsfrauen aus, denen man zwar viele materielle Güter und Luxus zugestand, aber eher keine nennenswerten Aufgaben und Aktivitäten. Sie wird die zermürbende Langeweile der Frauen im Harem kennengelernt und aus erster Hand deren politische und soziale Machenschaften miterlebt haben – galt es doch, verführerischer für den König zu sein als alle anderen. Wer nämlich den nächsten königlichen Erben hervorbrächte, hätte als künftige Königinmutter den goldenen Schlüssel in der Hand: zur Leitung des gesamten Harems, wenn nicht gar ganz Ägyptens – dank eines königlichen Sohns.

Prinzessin Nefrusobek, „die Schönheit von Sobek", war nach dem kämpferischen Gott Sobek benannt, einer Gottheit der Fruchtbarkeit. Was für ein

Medinet Madi ist eine archäologische Fundstätte in der ägyptischen Region Fayyum. Dort wurde während der Herrschaft von Amenemhet III. und Amenemhet IV. ein Tempel gegründet und später, in der Griechisch-römischen Periode, erweitert.

Oben: Ein Papyrus zeigt die Verehrung des Gottes Sobek – Nefrusobeks namensgebendem Krokodilgott.

Unten: Diese Statue von Amenemhet III., circa 1859–1814 v. Chr., stellt ihn mit vergrößerten Ohren dar.

Name für eine Prinzessin, die vermutlich jahrelang auf ihre Bestimmung gewartet hatte: auf den Tag, an dem sie ihren alten Vater heiraten würde. Und im Falle seines Todes würde sie als Große Königliche Gemahlin höchsten Geblüts und in direkter königlicher Abstammung mit ihrem Bruder, dem nächsten König, verbunden werden.

ERBFOLGE

Nach dem Tod von Amenemhet III. bestieg einer seiner Söhne, Amenemhet IV., den Thron und machte seine Schwester Nefrusobek zu seiner Gemahlin. Der ägyptische Adel nahm diese Neuigkeit mit Erleichterung auf, wohl wissend, dass der Status quo auf diese Weise vorerst gesichert war und bald neue Erben im Königspalast aufwachsen würden. Nefrusobek war nun Königin und obendrein Königstochter. Doch nach nur neun Jahren der Herrschaft starb Amenemhet IV., ohne einen geeigneten männlichen Erben zu hinterlassen.

Die 12. Dynastie befand sich in einer ernsthaften Erbfolgekrise. Der ganze Hofstaat wartete darauf, dass die Königsfamilie eine Lösung für die Situation finden würde, galt es doch, die Machtverhältnisse unter den Eliten aufrechtzuerhalten und den Reichtum weiter zu mehren. Als einziges Familienmitglied von höchstem Rang trat Nefrusobek als König an. Selbstbewusst nutzte sie ihre Abstammung vom großen König Amenemhet III., um ihre Herrschaft zu legitimieren. Zum ersten Mal in der gesamten Menschheitsgeschichte sehen wir eine königliche Frau das höchste Amt im Land beanspruchen: das Königtum.

Mittelmeer
Syrische Wüste
Byblos
See Genezareth
Jordan
Megiddo
Sichem
Joppe
Jerusalem
Gaza
Totes Meer
Tell el-Ajjul
Buto
Mendes
UNTERÄGYPTEN
Auaris (Hyksos-Hauptstadt)
Bubastis
Gizeh
Abu Roasch
Heliopolis
Abusir
Memphis (Hauptstadt von Unterägypten)
Sakkara
Dahschur
Tarchan
Moerissee
Meidum
Faijum
Lahun
Dischascha
Herakleopolis
Memphis, die Hauptstadt des Alten Reichs, lag strategisch günstig oberhalb des Nildeltas.
Lahun diente als Nekropole ir das nahe gelegene Itji-taui, die nicht identifizierte, von Amenemhet I. gegründete Königsstadt.
Sinai
Golf von Suez
Golf von Akaba
Oase Bahariyya
Saujet el-Meitin
Beni Hasan
ARABISCHE HALBINSEL
Meir
Deir el-Gebrawi
Assiut
Badari
Qaw
Arabische Wüste
Mersa Gawasis
Achmim
Thinis
Libysche Wüste
Abydos
Dendara
Quseir
Oase Dachla
Nakada
Koptos
OBER-ÄGYPTEN
Armant
Theben (Hauptstadt von Oberägypten)
Während der Regierungszeit von Mentuhotep I. wurde Theben (heute Luxor) zur ägyptischen Hauptstadt.
Gebelein
El-Kab
Oase Kharga
Hierakonpolis
Edfu
Nil
Elephantine
Erster Katarakt
Beit el-Wali
MEDJA
Kalabscha
Rotes Meer
Dakka
Gerf Hussein
Amada
Tumas
Saijala
Derr
El-Sebau
Gebel Seiga
Toschka
Korosko
Umm 'Ashira
Kasr Ibrim
Wadi Halfa
UNTERNUBIEN
In der Zeit des Mittleren Reichs besetzte Mentuhotep II. Nubien unterhalb des Zweiten Nilkataraktes.
Buhen
Gamai
JAM
Zweiter Katarakt
Amara-West
Insel Sai
Sedeinga
Soleb
Sesebi
Dritter Katarakt
Insel Tumbos
Kerma
Insel Argo
Kawa
KUSCH
Vierter Katarakt
Napata
ÄGYPTEN IN DER ZEIT DES ALTEN UND DES MITTLEREN KÖNIGREICHS
Altes Königreich, 2700–2150 v. Chr.
Mittleres Königreich, 2050–1650 v. Chr.
Pyramide
Nilkatarakt
Heutiger Fluss oder Küstenlinie
0
100
200 Kilometer

DER ERSTE WEIBLICHE KÖNIG

Es scheint, dass es Nefrusobek gelang, offen zu ihrem weiblichen Geschlecht zu stehen und es mit Symbolen des traditionell männlichen Königtums zu verbinden. Eigens für sie wurden die bis dahin männlichen Zusatztitel des Königs in den ägyptischen Hieroglyphen-Inschriften feminisiert: „Sie von der Binse, Sie von der Biene" ist da zu lesen, Herrin der beiden Länder, Tochter des Re. Eine Ehre, die weiblichen Regenten vor ihr verwehrt geblieben war.

DEMONSTRATION DER WEIBLICHKEIT

Nefrusobek schritt als Ägyptens erster weiblicher König sofort zur Tat. Sie ließ ihr Bildnis in allen Tempeln Ägyptens anbringen. Drei Statuen wurden in Tell el-Dab'a im östlichen Nildelta gefunden. Leider ist bei keiner der ihr zugeschriebenen Statuen das Gesicht erhalten. Eine der Statuen ist heute im Louvre zu sehen. Bedauerlicherweise ohne Kopf, stellt sie die Königin mit dem Nemes-Tuch über den Schultern dar, dem gleichen gestreiften Kopftuch, das wir – sehr viel später – von Tutanchamuns goldener Totenmaske kennen. Nefrusobek trägt das Kleid einer Königin, darüber hat sie den Schendit-Schurz des Königtums gebunden und um den Hals eine Kette mit demselben Herzamulett, das ihr Großvater und ihr Vater trugen: ein Zeichen der Stärke der 12. Dynastie und ihrer direkten Abstammung. Ihre Weiblichkeit war für alle sichtbar. Und doch legte sie die Männlichkeit ihres neuen Amts wie eine Schicht über ihr feminines Ich.

Ihre Weiblichkeit war für alle sichtbar. Und doch legte sie die Männlichkeit ihres neuen Amts wie eine Schicht über ihr feminines Ich.

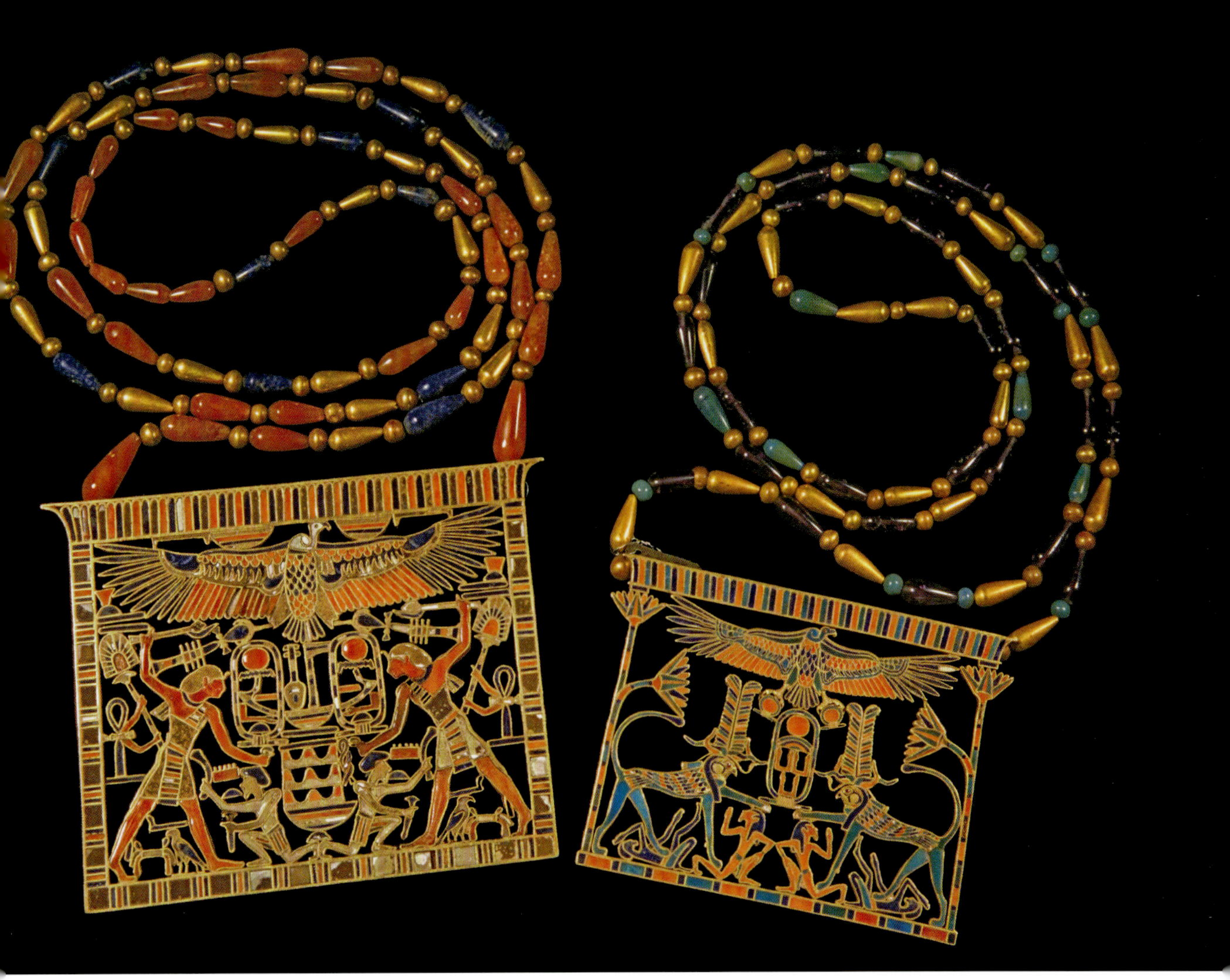

Oben: Solche Pektorale (circa 1878–1840 v. Chr.) wurden von Männern und Frauen getragen. Das linke trägt den Namen von Amenemhet III.

EIN VERMÄNNLICHTES GESICHT

Darstellungen von Nefrusobek scheinen ihr Gesicht vermännlicht zu haben. Ein Fragment im Ägyptischen Museum in Berlin, das von einer Statue von Nefrusobek stammen soll und in den Wirren des Zweiten Weltkriegs verloren ging, zeigt ein ehrfurchteinflößendes Antlitz. Eine beeindruckende Frau mit hohen Wangenknochen und tief liegenden Augen, die mit ihrem Blick selbst heimtückische Beamten durchschauen würde. Sie besitzt auffällig große Ohren, die auch das leise Flüstern eines künftigen Verräters hören könnten. Obgleich sich auf der Statue keine Inschriften fanden, gibt es überzeugende Hinweise, dass es sich bei ihr um Nefrusobek handelte.

Fünf Königsnamen wurden Nefrusobek nach ihrer Inthronisation verliehen. Als Erste unter ihresgleichen führte sie damit die vollständige Titulatur, die wir für einen weiblichen König des Alten Ägypten kennen. Offenbar war sie klug genug, die Weiblichkeit ihrer Person mit der Männlichkeit ihres Handelns zu verbinden und ihr Amt entsprechend anzupassen.

HOFFNUNG AUFBAUEN

Ausgestattet mit der Herrschaftsgewalt des männlichen Königtums und dem fünfteiligen Königstitular, war Nefrusobek darauf bedacht, die dynastische Macht ihres Vaters aufrechtzuerhalten. Zugleich galt es, den Nutzen der Macht für das Volk zu verdeutlichen. Was eignete sich besser, als die Tempelanlage ihres Vaters in Hawara zu vollenden?

Rechte Seite: Die Schwarze Pyramide wurde von Nefrusobeks Vater, König Amenemhet III., erbaut.

Unten: Dieser breite Halskragen aus Gold, Karneol, Feldspat und Glaspaste (1831–1768 v. Chr.) gehörte vermutlich Nefrusobeks Schwester Neferuptah.

DER TEMPEL IN HAWARA

Um die Dynastie ihres Vaters aufrechtzuerhalten und ihre königliche Legitimation zu erneuern, ließ Nefrusobek die Tempelanlage ihres Vaters vollenden. Außerdem unternahm sie einen nie da gewesenen Schritt und ordnete die Vergöttlichung ihres Vaters an. Zwar wurde allen toten Königen, sofern sie königliche Vorfahren hatten, eine höhere Göttlichkeit zugestanden. Doch Nefrusobek ging noch einen Schritt weiter und schuf im Tempel in Hawara spezielle Kulträume für die Verehrung ihres Vaters als Gottheit. Auf ihr Geheiß wurden große Flächen Ackerland angelegt, mit deren Erträgen aus Getreide, Flachs und Nutzvieh die fortlaufenden Kulthandlungen finanziert und das Einkommen der Priester gesichert wurden. Auf diese Weise konnten den Statuen des toten Königs regelmäßig Opfergaben dargebracht werden.

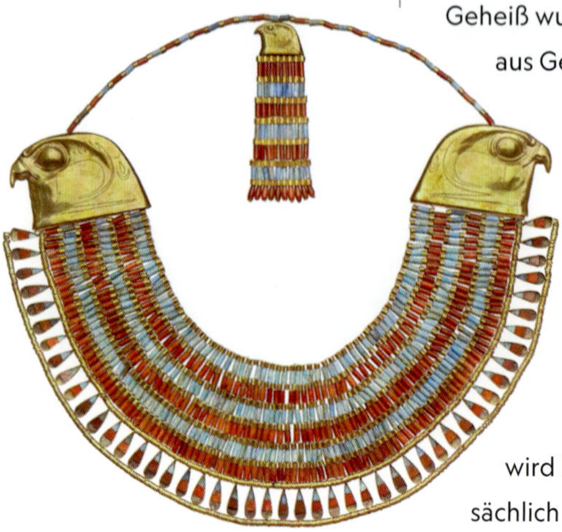

Als Nefrusobeks ältere Schwester Neferuptah starb, wurde sie in einer eigenen kleinen Pyramide innerhalb des königlichen Pyramidenkomplexes ihres Vaters bestattet. Nefrusobek ehrte ihre Schwester, indem sie im Tempel ihres Vaters auch für sie eine Kultstätte einrichten ließ. Der Verlust ihrer Schwester wird Nefrusobek schmerzlich vor Augen geführt haben, dass sie tatsächlich die letzte Überlebende ihrer Familie der 12. Dynastie war.

Feluken segeln auf dem wasserreichen Nil nahe dem heutigen Assuan, Ägypten. Die alten Ägypter waren abhängig von der alljährlichen Nilschwemme, die ihnen reiche Ernten bescherte. Ein niedriger Flusspegel hatte katastrophale Folgen.

NIEDRIGER NILPEGEL

Der Nil war die Lebensader Altägyptens, und gewöhnlich machte es dieser große wilde Strom dem Volk außergewöhnlich leicht. Ägypten schaute immer zuerst auf diese Wasserquelle – nicht zum Roten Meer, nicht zum Mittelmeer. Jeden Winter setzten die Monsunregen über Süd- und Zentralasien ein, fegten auch über die äthiopischen Hochebenen und peitschten das Land mit starken Regenfällen. Die alljährlich resultierende Nilschwemme war unentbehrlich für die Ägypter, denn sie allein garantierte reiche Ernten. Typischerweise setzte die Überflutung im späten Frühjahr ein. Wenn das Wasser zurückging, wurde gepflügt und gepflanzt. Die Ergebnisse zeigten sich gewöhnlich schnell und waren prachtvoll: hoch aufragende reife Halme mit Ähren voller dicker Körner.

In Nefrusobeks drittem Regierungsjahr als weiblicher Pharao allerdings fielen die Überflutungen nicht annähernd so üppig aus. Ernteausfälle bedrohten

ihr Volk mit einer Hungersnot und einem Zusammenbruch des Systems, vielleicht sogar mit gewalttätigen Auseinandersetzungen zwischen Grundbesitzern in den Randgebieten. Ägypten befand sich am Rande einer Katastrophe. Nefrusobek muss gewusst haben, dass es in ihrer Verantwortung lag, ihr Land wieder auf Kurs zu bringen.

Nefrusobek war nicht mit einem problemlosen Königtum gesegnet. Sie hatte die Regentschaft ja nur übernommen, weil ihre Dynastie unfähig war, einen männlichen Erben hervorzubringen. Und jetzt musste sie auch noch mit der unerträglichen Hungersnot fertig werden. Wir können davon ausgehen, dass sie den in den Jahren des Überflusses angehäuften Reichtum nutzte und ihre prall gefüllten Getreidesilos und staatlich kontrollierten Vorratsspeicher öffnete, um die hungernden Ägypter zu

GRABANLAGE IN MASGHUNA

Noch zu Lebzeiten begann Nefrusobek mit dem Bau ihrer eigenen Grabanlage, vermutlich in Masghuna, nicht weit von Dahschur und der Anlage ihres Vaters in Hawara gelegen. Zwei unvollendete Pyramiden wurden hier entdeckt. Einige Archäologen schrieben die nördliche unvollendete Pyramide Nefrusobek zu. Zwar fehlt bislang der endgültige Beweis dafür, eine hier gefundene Stele belegt jedoch rituelle Handlungen für Nefrusobek – ein Hinweis darauf, dass Menschen sie nach ihrem Tod als Gottheit verehrten, ebenso wie sie es mit ihrem Vater getan hatten.

ernähren. Als gebildete Frau kannte sie sicher die Gedichte ihrer Vorfahren, die vom Leiden erzählen, wenn die ordnende Hand einer Regierung fehlt. Nun musste sie selbst durchleben, worüber sie als Kind gelesen hatte - Leid und Sorgen, Hungersnot, einen niedrigen Nilpegel, interne Machtkämpfe. Unterdessen wurden wahrscheinlich bereits Intrigen gesponnen. Man sprach darüber, dass Nefrusobek die letzte ihrer Familie sei und ein Wechsel der Dynastie bevorstehe. Am Ende kam dieser viel früher als erwartet.

Laut Turiner Königsliste, einem Papyrusfragment, das im Ägyptischen Museum in Turin aufbewahrt wird, ging ihre Regentschaft nach drei Jahren, zehn Monaten und 24 Tagen abrupt zu Ende. Ihr Tod bedeutete gleichzeitig das Ende einer der größten Herrscherfamilien Ägyptens.

Oben: **Dieses Relief mit dem Namen Nefrusobeks entdeckten Archäologen bei der Ausgrabung der Nekropole von Hawara.**

Links: **Diese Büste - vermutlich von Königin Nefrusobek - ging im Zweiten Weltkrieg verloren.**

UNANGEFOCHTENE HERRSCHAFT

Wie Nefrusobek starb, ist nicht geklärt. Einige Ägyptologen stellten die These auf, sie sei ermordet worden, da sie das Königtum annahm, das einer Frau rechtmäßig nicht zustand. Die Tatsache jedoch, dass sie jahrelang unangefochten regierte und den Tempel ihres Vaters vollendete, spricht eine andere Sprache. Nefrusobek wurde in den meisten Königslisten genannt. Sie beschützte ihr Land in Notzeiten, und dafür wurde sie geehrt.

NEFRUSOBEKS STAMMBAUM

12. DYNASTIE

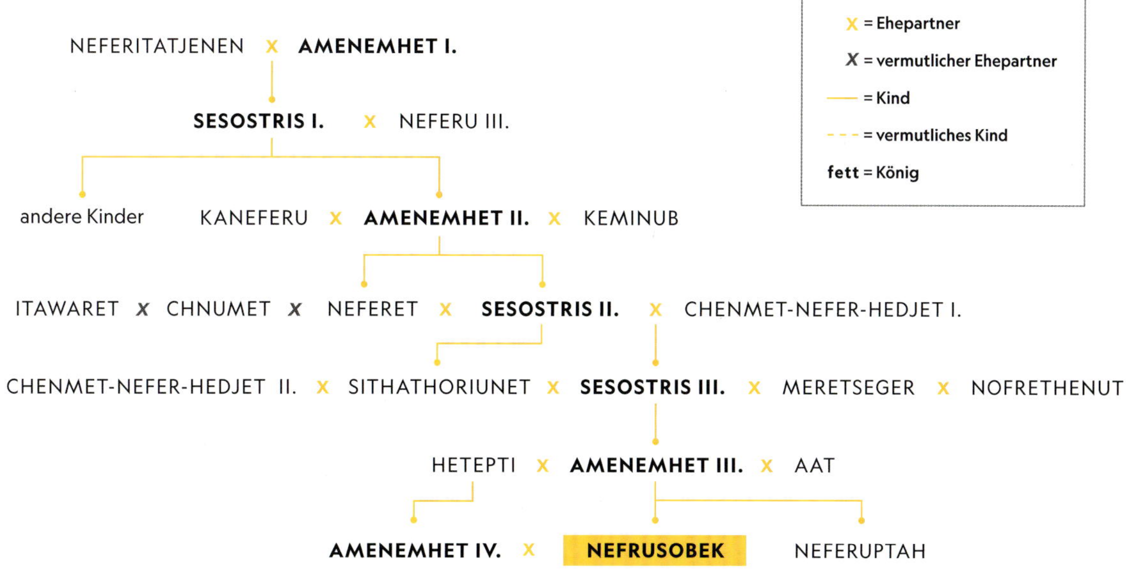

KAPITEL DREI

HATSCHEPSUT
DIE PR-KÖNIGIN

Hatschepsut gelangte während der 18. Dynastie (1550–1295 v. Chr.) an die Macht. Zu dieser Zeit erlebte Ägypten einen Aufschwung. Das Land war weder von Anarchie noch von wirtschaftlichen Katastrophen oder Bürgerkrieg erschüttert. Hatschepsut brach nicht wenige Regeln. Sie ist wohl die einzige Frau, die im Alten Ägypten während einer Phase des Wohlstands und der Expansion die Macht übernahm, weshalb ihre Regierungszeit die Ausnahme darstellt – erinnern wir uns an Meritneith und Nefrusobek, die die Führung nur übernahmen, um einer Krise entgegenzuwirken. Manche Historiker interpretieren ihr Königtum deshalb als einen Akt der ehrgeizigen Machtergreifung.

Hatschepsut tat noch etwas anderes, das vollkommen ungewöhnlich war: Sie regierte für einen Knaben, der nicht ihr Sohn war. Über zwei Jahrzehnte lang baute sie ihre Macht aus – zur längsten Amtszeit eines weiblichen Regenten im Alten Ägypten.

Trotz aller Regelbrüche gelang es Hatschepsut, alles richtig zu machen – sie erweiterte das Territorium, errichtete den Göttern im ganzen Land Tempel und ließ sich auf riskante Handelsabenteuer mit fernen Ländern ein. Am Ende ihrer Regentschaft war Ägypten reicher als zu Beginn. Keiner der Königinnen, die vor und nach ihr regierten, gelang, was ihr gelang: die ererbten Krisen zu überwinden und das Land in einem besseren Zustand zu hinterlassen. Dennoch sollte ihr Neffe und Mitkönig später ihre Statuen und Texte zerstören und viele ihrer Errungenschaften seinem Vater oder Großvater zuschreiben.

Linke Seite: Als Sphinx trägt Hatschepsut das unverkennbar männliche Symbol einer Löwenmähne.

Unten: Das Obeliskrelief zeigt Hatschepsut bei der Krönung vor Gott Amun.

DIE KÖNIGSFAMILIE AUS THEBEN

Die 18. Dynastie (1550–1295 v. Chr.) begann mit einer inzestuösen Heirat zwischen König Ahmose I. und seiner Schwester Ahmes Nefertari. Als Ahmose unerwartet starb und Kronprinz Amenophis I. viel zu jung für die Regentschaft war, übernahm seine Mutter Ahmes Nefertari die Regierungsgeschäfte. Nach deren Tod wählte Ägypten einen starken maskulinen Mann zum König: Thutmosis I. – Vater von Hatschepsut.

Rechte Seite: **Ein Gemälde aus dem Grab des Sennefer, Bürgermeister von Theben während der Regentschaft von Thutmosis II., Hatschepsut und Thutmosis III.**

Unten: **Eine Statue aus Holz von Ahmes Nefertari, Mutter von Amenophis I.**

DIE ÄLTESTE TOCHTER

Wie die Königsfamilie stammte auch Thutmosis aus Theben. Wahrscheinlich hatte er als General in den Kriegen gegen die Könige der Hyksos gedient, wahrscheinlich war er auch mit der Königsfamilie verwandt. Vielleicht war er ein Neffe des verstorbenen Königs Ahmose I., oder er war mit der Schwester von Amenophis I. verheiratet.

Als geborener Krieger dehnte Thutmosis I. die Grenzen Ägyptens weiter in die Levante aus. In seinem Harem produzierte er zahlreiche Kinder, die wenige Merkmale des Inzests aufwiesen, da sein frisches Blut die königliche Abstammungslinie gestärkt haben dürfte. Hatschepsut war seine älteste Tochter. Als Kind seiner Hauptgemahlin war sie mit der altehrwürdigen Abstammungslinie der 18. Dynastie verbunden.

HOHEPRIESTERIN

Schon in jugendlichem Alter bezeichnete man Hatschepsut als höchste Priesterin Ägyptens. Dank ihrer Stellung als Hohepriesterin und Gottesgemahlin des Amun erlangte sie auch allen materiellen Reichtum, der zum königlichen

Der Ashburnham-Ring, ein Goldring aus der 18. Dynastie mit rechteckiger drehbarer Frontplatte, trägt als Inschrift den Namen und die Beinamen von Thutmosis III. Der Ring wurde in Sakkara ausgegraben und befindet sich jetzt im British Museum in London.

Haushalt gehört. Sie erlernte die Beschwörungsformeln, nahm an geheimen und heiligen Ritualen teil und erlebte unmittelbar den gewaltigen Einfluss der ägyptischen Priesterschaft. In den folgenden Jahren sollte sie dieses Wissen nutzen, um ihre Kampagne zur Thronbesteigung zu betreiben. Hatschepsut leitete Zeremonien, die den Fortbestand des Universums sicherten, indem sie Gott Amun half, jeden Morgen seine sexuelle Kraft zu erneuern. Sie war belesen, darin ausgebildet, Entscheidungen zu treffen, besaß zahlreiche Paläste und Ländereien und pflegte engen Kontakt zu den mächtigsten Priestern Ägyptens – und natürlich zum König, ihrem Vater Thutmosis I. Auch wenn es ihr später gelingen sollte, die gläserne Decke zu durchbrechen, scheint es, dass Hatschepsut als pflichtbewusste Tochter aufwuchs, die Ägyptens patriarchalisches System unterstützte.

KÖNIGLICHE GEMAHLIN

Am Horizont brauten sich Gewitterwolken zusammen. Einer oder mehrere von Hatschepsuts Brüdern starben unerwartet – Brüder, die am besten als Thronerben geeignet waren. In den darauffolgenden Tagen wurde kein Kronprinz als Erbe auserwählt; zumindest gibt es keine Aufzeichnung darüber. Dann starb Thutmosis I. nach zehnjähriger Herrschaft – vermutlich eines natürlichen Todes im reifen Alter. Für Hatschepsut änderte sich alles.

Nach dem Tod ihres Vaters war sie nur noch dem Titel nach Königstochter. Sie musste sich mit einem ihrer Brüder verbinden, als Gemahlin, als Königin.

HATSCHEPSUTS STAMMBAUM

18. DYNASTIE

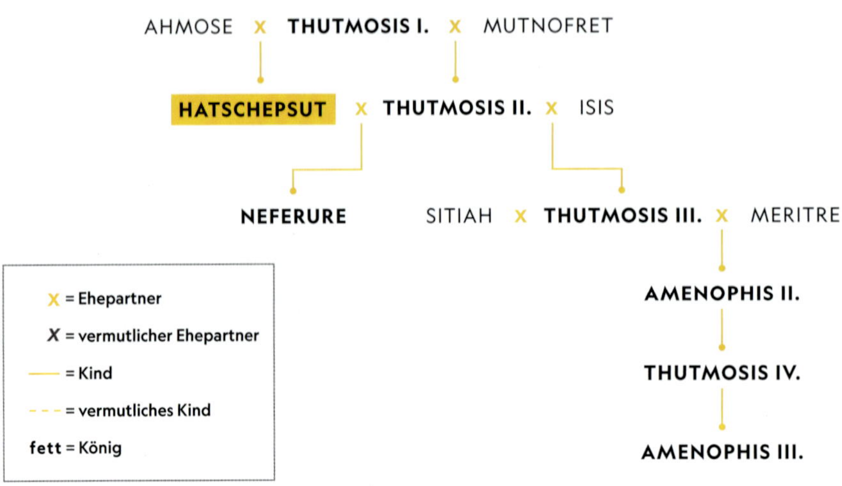

Ein solcher Bruder wurde erwählt. Historiker nennen ihn Thutmosis II. Wie Anthropologen durch die Untersuchung seiner erhaltenen Mumie feststellen konnten, war er anscheinend ein unreifer, ungesunder Knabe, der ein vergrößertes Herz und pockennarbige Haut aufwies. Ungeachtet dessen war er nun gefordert, seine Pflicht als der nächste Horus zu erfüllen. Seine Große Königliche Gemahlin sollte Hatschepsut sein, die kurz zuvor zur obersten Hohepriesterin im Land ernannt worden war, hochwohlgeborene Tochter des Thutmosis I.

Ein Kalksteinblock aus der Zeit der 18. Dynastie stellt Thutmosis III. mit gefiederter Atef-Krone dar, Symbol für die altägyptische Gottheit Osiris.

POLITISCHER WANDEL

So unvermittelt zum König des mächtigsten und reichsten Landes der Welt berufen zu werden, verlangte Thutmosis II. sehr viel ab. Seine Amtszeit war kurz. Er unternahm keine Feldzüge und hinterließ kaum Tempel mit seinem Namen. Das Wenige, das von ihm blieb, lässt uns begreifen, warum Hatschepsut so viel Macht erlangen konnte, als Thutmosis II. starb.

Es war ein kritischer Zeitpunkt in der Geschichte Ägyptens. Reichtum und Frieden standen auf dem Spiel. Jetzt war Einigkeit angesagt und eine Wahl, die den ökonomischen und politischen Interessen der Eliten diente. Man einigte sich auf einen zweijährigen Knaben namens Thutmosis III. Die Wahl fiel auf nicht mehr als einen Namen. Sie ermöglichte es Hatschepsut, Ägypten zu führen - sorgsam und zielbewusst.

DIE AUSERWÄHLTE REGENTIN

Hatschepsut und ihre Berater arbeiteten systematisch daran, die Stellung der Regentin langfristig zu sichern. Darstellungen von Hatschepsut bei der Durchführung heiliger Rituale, die typischerweise nur einem König zustanden, wurden an öffentlichen Plätzen gezeigt. Ihr kühner Anspruch lässt sich den Begleittexten entnehmen, die lediglich die Oberschicht lesen konnte. Hatschepsut tat ganz unverhohlen ihre königlichen Ambitionen kund.

Rechte Seite: **Hatschepsuts Obelisk, gemeißelt aus einem einzigen Granitblock, ragt fast 30 Meter über den Ruinen von Karnak auf. Das 323 Tonnen schwere Bauwerk ist der höchste noch aufrecht stehende Obelisk Ägyptens.**

RELIGIÖSE DEMONSTRATION

Den Weg zur Macht beschritt Hatschepsut mit großer Geschicklichkeit. Sie stellte es so dar, als sei ihr Aufstieg zur Königswürde ihre Bestimmung, ja sogar ihr unausweichliches Schicksal. Meisterhaft verstand sie es, ihre politischen Ambitionen ideologisch zu bemänteln. Den Vorwurf der unrechtmäßigen Machtergreifung wies sie mit Verweis auf den Willen der Götter von sich. Auf göttlichen Befehl habe sie diese Pflicht auf sich nehmen müssen.

So ließ sich Hatschepsut in Tempelszenen darstellen – in Nubien, in Elephantine, in Theben. Noch nie hatten die ägyptischen Eliten die Gottesgemahlin des Amun so groß und so nah bei den Göttern dargestellt gesehen, während sie Rituale vollzog, die normalerweise ausschließlich dem König vorbehalten war.

Hatschepsut stellte ihre Frömmigkeit auch auf andere Weise zur Schau. Sie ließ Statuen ihres verstorbenen Gemahls, Thutmosis II., im Chnum-Tempel von Elephantine errichten. Aus Inschriften geht hervor, sie seien „für ihren Bruder", was eine explizite Rechtfertigung für die Ausweitung ihrer Macht bedeutete, denn sie war ja eine fromme Unterstützerin dieses zu jung verstorbenen Königs.

ANATOLIEN
MITANNI
Karchemisch
Alalach
Halab
Euphrat
Ugarit
Hamath
Qatna
Arwad
Kadesch
Kreta
Zypern
Byblos
SYRIEN
Sidon
Damaskus
Tyros
Mittelmeer
Syrische Wüste
Hazor
Akko
See Genezareth
Megiddo
Bethschean
LEVANTE
Jordan
Joppe
Amman
Gezer
Jerusalem
Askalon
Totes Meer
Gaza
Lachisch
Deir al-Balah
Scharuhen
Buto
Sacha
Tanis
UNTERÄGYPTEN
Sais
Pi-Ramesse
Kom el-Hisn
Bubastis
Athribis
Abu Roasch
Kairo
Gizeh
Abusir
Sakkara
Memphis
Dahschur
Timna
SINAI
Moerissee
Meidum
Henen-Nesut
Serabit el-Chadim
Wadi Maghara
Golf von Suez
Golf von Akaba
Oase Bahariyya
ARABISCHE HALBINSEL
Saujet el-Amwat
Istabl
Achet-Aton
Assiut
Arabische Wüste
Libysche Wüste
Ipu
OBER-ÄGYPTEN
Abydos
Karnak
Armant
Theben (heute Luxor)
Oase Dachla
Oase Kharga
Nechab
Rotes Meer
Kom Ombo
Elephantine
Oase Kurkur
Erster Katarakt
Beit el-Wali
Gerf Hussein
UNTER-NUBIEN
Kuban
El-Derr
Nil
Akscha
Faras
Buhen
Meinarti
Dorginarti
Semna
Zweiter Katarakt
Kumma
Oase Selime
OBER-NUBIEN
Amara-West
Insel Sai
Amara-Ost
Sedeinga
Soleb
Sesebi
Dritter Katarakt
Insel Tumbos
PUNT (genaue Lage unbekannt)
KUSCH
Kawa
Vierter Katarakt
Napata
NEUES KÖNIGREICH VON ÄGYPTEN
Gebiete unter Kontrolle von Thutmosis III., 1479–1425 v. Chr.
Kontaktgebiete
Grab oder Pyramide
Festung oder Garnison
Nilkatarakt
Heutiger Fluss oder Küstenlinie
0
100
200 Kilometer

Auch für den Karnak-Tempel in Theben gab sie Reliefs von Thutmosis II. in Auftrag. Wahrscheinlich galt dasselbe für alle bedeutenden Tempel in ganz Ägypten. Dies verdeutlichte den Eliten, dass ihr Recht auf die Regierungsmacht auf ihrer Beziehung zu ihrem Gemahl beruhte, dem vorherigen König und Vater des aktuellen Monarchen. Unterdessen hielt sie ihren Neffen Thutmosis III. auf dem Thron, was als Beweis für ihren Respekt angesehen wurde. Dennoch ließ sie in zwei riesige Obelisken in Theben, die sie als Regentin angeblich für Thutmosis II. in Auftrag gegeben hatte, ihre eigenen Bilder und Königsnamen einschnitzen. Damit legte sie das Fundament für ihre Herrschaft - ja, sie meißelte es buchstäblich in Stein.

Ein Relief aus Hatschepsuts Totentempel stellt ihre göttliche Herkunft von Amun selbst dar. Künftige Könige sollten mit derselben Art von Relief ihre Herrschaft legitimieren.

EIN CLEVERES MARKETINGINSTRUMENT

Um die Macht in ihrer neuen Rolle als weiblicher König aufrechtzuerhalten, ersann Hatschepsut ein cleveres Marketinginstrument: die göttliche Offenbarung. Auch spätere Herrscher sollten sich dieses Instruments bedienen, sei es Echnaton von Ägypten, Alexander der Große, der römische Kaiser Augustus oder der oströmische Kaiser Konstantin. Gemeinsam mit ihren Priestern entwarf Hatschepsut einige radikal neue Ausdrucksformen göttlichen Willens. Jeden ihrer Schritte begleiteten ihre Priester mit entsprechenden öffentlichen Orakeln und der Darbietung göttlicher Offenbarungen. So offen hatte noch kein ägyptischer König vor ihr den einflussreichen Eliten den angeblichen Willen der Götter präsentiert. Hatschepsut entschleierte sogar einige der Mysterien des Göttlichen, indem sie den Moment öffentlich machte, in dem Gott Amun seine Entscheidungen dem Volk bekannt machte.

Während sie ihren Neffen Thutmosis III. fast unmerklich in eine weniger wichtige Position manövrierte, erkannte Hatschepsut, dass sie ihren Anspruch auf das Königtum aus ihrer eigenen Abstammungslinie herleiten musste. Entsprechend laut und vernehmlich verkündete sie allenthalben, dass sie die älteste Tochter von Thutmosis I. war - ein Titel, den sie in Tempeln in ganz Ägypten verwendete. Um ihre eigene Regentschaft zu legitimieren, nutzte sie das Andenken an Thutmosis I. und behauptete, ihr Vater habe sie erwählt und öffentlich vor dem gesamten Hofstaat gekrönt. Vermutlich hatte sie als Vorbild auch die Legitimation von Nefrusobek im Blick. Hatschepsut verewigte ihren Vater Thutmosis I. auf allen ihren Monumenten. Ihren Gemahl und Halbbruder Thutmosis II. indessen ließ sie vollkommen unerwähnt.

DIE GENDER-FRAGE

An einem bestimmten Punkt bekam sogar die mächtige Hatschepsut ein Problem mit ihrer femininen Darstellung. Als ihr Neffe Thutmosis III. heranreifte, betrat Hatschepsut eine Art Zwischenreich und stellte sich anders als zuvor mit androgynen Zügen dar. Ihre Weiblichkeit war für die alternde Hatschepsut zu einer Belastung geworden, zu einem Kampf, der nicht zu gewinnen war. Die meisten figürlichen Skulpturen und Reliefs, die während ihrer Regentschaft entstanden, präsentieren sie als Mann. Die maskuline Erscheinung ihrer Statuen lässt Ägyptologen bis heute die Frage nach ihrer Geschlechtsidentität stellen.

EIN REIFER WEIBLICHER KÖNIG

Eine einst zerbrochene, von den Restauratoren des Metropolitan Museum of Art wieder zusammengesetzte Statue zeigt Hatschepsut als weiblich-männlichen König. Sie blickt mit feinem femininem Gesicht auf ihr Volk, mit weit geöffneten Augen, einer geraden kleinen Nase und einem unbefangenen Lächeln. Anmutige Schultern, lange schlanke Beine, nackter Oberkörper, kleine Brüste. Die Statue war ein seltsamer Kompromiss und der Versuch, ein unlösbares Problem zu lösen: ein reifer weiblicher König zu sein, während ein junger Mann auf dem Thron neben ihr saß.

In späteren Statuen zeigte sich Hatschepsut deutlich maskuliner – mit kräftigen Arm- und Brustmuskeln, breitem Brustkorb und muskulösen Beinen, sogar mit kantigem Unterkiefer und männlichem Gesicht. Die Texte, die diese Statuen beschreiben und den dargestellten König benennen, weisen darauf hin, dass hier trotz allem eine Frau gezeigt wird.

Um ihre Machtansprüche geltend zu machen, musste Hatschepsut zuweilen ihre Weiblichkeit unterdrücken.

GESCHLECHTSIDENTITÄTEN

Die maskuline Erscheinung von Hatschepsuts Statuen ließ Generationen von Ägyptologen und Bewunderern die Frage nach ihrer Geschlechtsidentität stellen: Sah sie wirklich so aus – und kleidete sie sich so? War sie eine Frau, die ein Mann sein wollte? Ein Crossdresser oder eine vermännlichte Frau? Doch Verwirrung der Geschlechtsidentität wird kaum Hatschepsuts Problem gewesen sein.

Nein, ihre größte Herausforderung bestand sicher darin, in einem patriarchalischen System langfristig eine männliche Rolle auszufüllen, während bereits ein männlicher König auf dem Thron saß. Unter diesen widrigen Umständen ist es umso beeindruckender, dass sich Hatschepsut mehr als 20 Jahre an der Macht hielt. In Darstellungen von Prozessionen und religiösen Ritualen nimmt sie stets den Vorrang vor Thutmosis III. ein. Wir dürfen annehmen, dass es sich in den Thronräumen Ägyptens nicht anders verhielt. Es scheint keine Beweise dafür zu geben, dass Hatschepsut je auf ihren Neffen baute, um ihre Macht zu erhalten. Stattdessen verließ sie sich vermutlich lieber auf Ägyptens Beamte und Eliten, um sich zu profilieren.

Oben: Die Sphinx von Hatschepsut (circa 1479–1458 v. Chr.), ist eine von mindestens sechs Sphingen, die im Totentempel von Hatschepsut im ägyptischen Deir el-Bahari standen.

Unten: In Ägyptens Neuem Reich trugen Frauen oft Menits, Halsketten wie diese, wenn sie an religiösen Zeremonien teilnahmen.

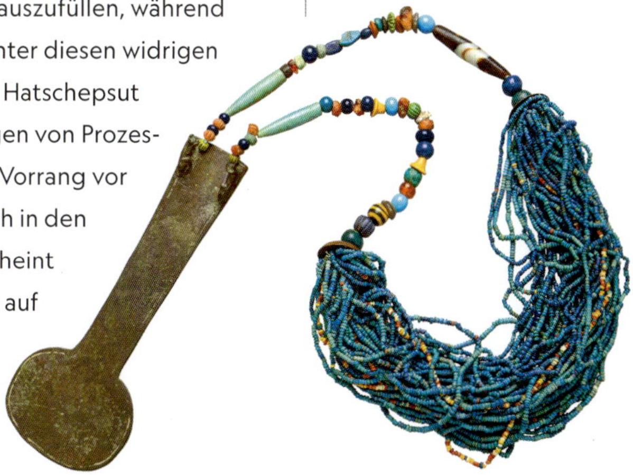

Der Totentempel der Hatschepsut, ein grandioser Ausdruck königlicher Macht, erhebt sich vor einem Steilhang in der Wüste in Deir el-Bahari. Reliefs in den Säulengängen erzählen von den größten Triumphen ihrer 21-jährigen Regentschaft.

EINE FRAU AUF EXPANSIONSKURS

Hatschepsut hatte Glück: Ägypten war so unermesslich reich, dass sie sich die notwendigen Mittel für Bestechungen leisten konnte, um ihren Einfluss am Hof weiterhin zu festigen. Mithilfe enger und vertrauter Beamter im Palast und in den großen staatlichen Tempeln sicherte sie sich die Kontrolle über das wichtige Schatzamt. Zugleich gab sie diesen Eliten freie Hand, mehr für ihre eigenen Statuen und Grabstätten zu investieren, als je zuvor ein Regent ausgegeben hatte.

Rechte Seite: Hathor, eine ägyptische Göttin und Wächterin der Nekropole von Deir el-Bahari, ist auf Säulen in der Hathor-Kapelle im Totentempel der Hatschepsut abgebildet. Hathor galt als Behüterin der Toten im Jenseits.

Unten: In einer Szene in Deir el-Bahari transportieren Männer einen Myrrhebaum zu ägyptischen Schiffen im Land Punt. Um 1470 v. Chr. sandte Hatschepsut eine Handelsexpedition zum Roten Meer, um dort Luxusgüter zu beschaffen.

HANDELSEXPEDITIONEN

Dass sie eine Frau war, machte Hatschepsut nicht zur Pazifistin, schon gar nicht mit den Legionen von neuen Beamten auf der Lohnliste. Mehr als einmal schickte sie ihre Armee gen Süden, terrorisierte Nubien und Kusch und stellte sicher, dass frische Kriegsbeute nach Ägypten floss und die Goldminen mit voller Kraft arbeiteten. Es schadete vermutlich nicht, dass fremde Könige nördlich Ägyptens von diesen erfolgreichen Feldzügen hörten und eingeschüchtert genug waren, um Tributzahlungen zu leisten.

Das war Hatschepsuts Königtum: eine fein abgestimmte politische Leistung für eine Frau, die von der Kooperation ihres Adels abhängig war. Nur großer Reichtum konnte solche ungewöhnlichen Regierungsvorhaben ermöglichen. Hatschepsut übertraf sich selbst beim Ausgeben der üppigen Einnahmen des Landes. Doch um ihre Autorität zu sichern und immer wieder zu beweisen, dass sie die auserwählte Monarchin Ägyptens war, musste sie anscheinend noch mehr tun. Um 1470 v. Chr. organisierte sie eine Handelsexpedition ins ferne sagenumwobene Land Punt. Ihre Eliten müssen von den

Hatschepsut beschwor oft Hathor, die Göttin, die die Grenzen von Leben und Tod überschritt. Hier ist sie auf einem Sargdetail in ihrer Erscheinungsform als Kuh abgebildet.

Erfolgsaussichten ebenso in Aufregung versetzt worden sein wie das Paris des 19. Jahrhunderts von Napoleons Ägypten-Expedition.

Als ihre Gefolgsleute erfolgreich aus dem Land südlich der Sahara zurückkehrten – vermutlich lag es irgendwo in der Nähe des heutigen Eritrea an der Küste des Roten Meeres –, brachten sie große Mengen an Räucherwerk wie Weihrauch und Myrrhe mit. Die Ägypter jubelten. Geschichten über die dicke und unförmige Königin von Punt wurden veröffentlicht und unter den Eliten verteilt, dazu Bilder von der fremden Flora und Fauna, die die Ägypter während der Reise angefertigt hatten – sichtbarer Beweis dafür, dass die Reise tatsächlich stattgefunden hatte.

Hatschepsut wurde mit dem Respekt ihres Volkes dafür belohnt, dass sie eine der kühnsten Unternehmungen für einen ägyptischen König vollbracht hatte: die erfolgreiche Reise in ein legendäres Land voller kostbarer Aromen und Ebenholzbäume.

DIE TILGUNG VON HATSCHEPSUTS SPUREN

Nach etwa 25 Jahren Alleinherrschaft begann Thutmosis III. mit der gründlichen Tilgung der Spuren seiner Tante von ihren Monumenten. Vielleicht litt er unter Minderwertigkeitsgefühlen, denn während seiner gesamten Regierungszeit war er bestrebt, seine Vergangenheit neu zu schreiben und Spuren der Regentschaft seiner Tante auszuradieren. Davon betroffen war auch Hatschepsuts außergewöhnliches Bauwerk im Karnak-Tempel, das Amuns vergoldete Barke aus Zedernholz beherbergen sollte.

Fragmente eines Dokuments mit den Taten von Thutmosis III.

DAS MILLIONENJAHRHAUS

Ungeachtet ihres politischen Erfolgs könnte Hatschepsuts dauerhafteste Leistung auf dem Gebiet der Architektur liegen: der Errichtung eines ebenso traditionellen wie zugleich innovativen Bauwerks in der Wüste am Westufer des Nils, eingebettet in einen großen halbmondförmigen Talkessel, der der Göttin Hathor geweiht war. Die Wahl des Standorts zeugt von großem Selbstvertrauen, außergewöhnlicher Unsicherheit – oder beidem. Hatschepsut wählte den sichtbarsten, heiligsten, schönsten Platz für ihren Tempel, das sogenannte Millionenjahrhaus. An diesem Ort im Süden Ägyptens konnten ihre Eliten zusammenkommen und die Errungenschaften feiern, die sie im Laufe ihres Königtums geschaffen hatte.

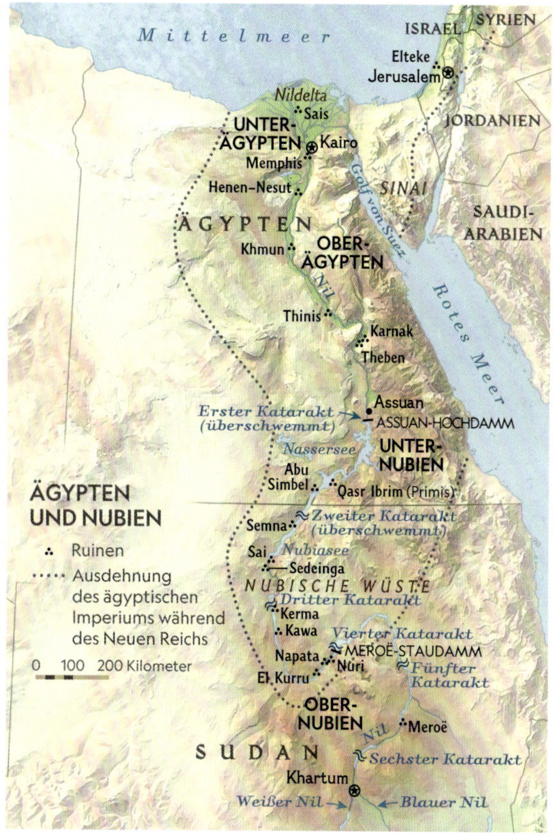

Noch wichtiger war, dass das Volk ihr an dieser Stätte Gaben darbringen konnte, wenn sie selbst nach ihrem Tod ein bedeutender Gott im Himmel sein würde. Hier veröffentlichte sie in allen Einzelheiten ausgewählte Geschichten aus ihrem Leben. Die erste Geschichte: Wie Gott Amun ihre Mutter, die Königin Ahmose, aufsuchte, mit seiner heiligen Essenz schwängerte und das Wunderkind Hatschepsut zeugte, das gegen alle Erwartungen zum weiblichen König aufsteigen sollte.

DAS VERMÄCHTNIS EINER MÄCHTIGEN

Auch wenn heute viele Menschen nicht einmal ihren Namen richtig aussprechen können, repräsentiert Hatschepsut die mächtigste aller ägyptischen Königinnen. Daran ändert auch die Tatsache nichts, dass ihr Neffe und Mitkönig Thutmosis III. ihre Statuen und Texte später zerstören ließ, um vieles, was seine tatkräftige Tante geschaffen hatte, seinem Vater oder Großvater zuzuschreiben.

Erst die Zeit brachte das Vermächtnis, das dieser Regentin gebührt. Hatschepsut musste von Ägyptologen ausgegraben und wiederbelebt werden – gerettet vor der Auslöschung in den Archiven, die ihre männlichen Nachfolger angeordnet hatten.

Hatschepsuts Neffe sollte später ihre Statuen und Texte zerstören und viele ihrer Errungenschaften seinem Vater oder Großvater zuschreiben.

KAPITEL VIER

NOFRETETE
MEHR ALS NUR EIN HÜBSCHES GESICHT

Nofretete, Königin während der 18. Dynastie, ist heute wohl in erster Linie für ihre Schönheit bekannt. Ihre Kalksteinbüste im Ägyptischen Museum in Berlin zeigt sie uns als majestätische reife Frau mit hohen Wangenknochen, olivfarbener Haut, vollen, sinnlichen roten Lippen und stolzem Blick, alle Züge in perfekter Symmetrie. Ihr Kopf trägt die einzigartige blaue Krone, die sie von allen anderen ägyptischen Königsgemahlinnen vor oder nach ihr unterscheidet.

Nofretete war weit mehr als die makellose Gefährtin ihres Gottkönigs oder ein „nützlicher Acker für ihren Herrn". Sie sollte nie da gewesene stürmische Zeiten durchleben. Sie würde Besonnenheit und Führungsstärke aufbringen, um die tiefen Wunden zu heilen, die ihrem Volk während dieser ungewöhnlichsten Epoche in der Geschichte des Alten Ägypten zugefügt worden waren. Doch obwohl sie alles tat, um in der dunkelsten Stunde Ägyptens die Ordnung wiederherzustellen, sollte Nofretete für ihre politische Führungsleistung keine Anerkennung erhalten.

Nofretetes Eltern sind unbekannt, doch genoss sie das Privileg, eine Amme und einen Hauslehrer gehabt zu haben, was gewöhnlich den Kindern des Königs vorbehalten blieb. Im vierten Jahr seiner Regentschaft erwählte Amenophis IV. (später Echnaton) Nofretete zu seiner Großen Königlichen Gemahlin. Die Verbindung scheint in jeder Hinsicht ein Erfolg gewesen zu sein. Reliefs und Statuen bezeugen, dass sie eine so zentrale Rolle erhielt wie keine Königin vor ihr. Und sie war fruchtbar. Schon ein Jahr nach ihrer Hochzeit gebar Nofretete dem König seine erste Tochter, Meritaton.

Links: Ein Quarzitkopf von Nofretete, der in den Ruinen von Tell el-Amarna gefunden wurde. Er steht heute im Ägyptischen Museum in Kairo.

Unten: Dieser Fingerring, datiert auf circa 1353–1336 v. Chr., wurde in Tell el-Amarna entdeckt. Er zeigt Echnaton (l.) und Nofretete (r.) als die Gottheiten Schu (Luft) und Tefnut (Feuchtigkeit).

NOFRETETE UND AMENOPHIS IV.

Nofretete wurde im vierten Regierungsjahr Amenophis' IV. zur Großen Königlichen Gemahlin ernannt. Vor dieser Zeit gibt es keinerlei Hinweise auf eine Königin. Vielleicht hatte Amenophis IV. bereits eine Ehefrau gehabt, die ihm altersmäßig näherstand. Seine Entscheidung, Nofretete zu ehelichen, markierte für ihn einen Neubeginn, der zu einer Vielzahl bizarrer Entscheidungen führte, die verbrannte Erde zurücklassen sollten.

Rechts: **Die Memnonkolosse (um 1350 v. Chr.) bewachen den Eingang zum großen Grabkomplex Amenophis' III. auf dem westlichen Ufer unweit der modernen Stadt Luxor.**

Unten: **Auf diesem Kalksteinrelief (circa 1349–1336 v. Chr.) erscheint Echnaton als Sphinx, der Aton huldigt. Dem König gefiel die Sphinxgestalt – er ließ sich häufig halb als Mensch, halb als Löwe darstellen.**

EIN PARTNER VON EIGENWILLIGEM GEIST

Amenophis IV. war ein Revolutionär, der einen radikalen religiösen Umbruch vornahm – in einem Regionalstaat, der abrupten Veränderungen höchst ablehnend gegenüberstand. Er sollte das Glaubenssystem und alte Rituale abschaffen. Wie schon seinem Vater, Amenophis III., sollten König Amenophis IV. bei den absonderlichen Plänen, die er ausheckte, keine echten Hürden im Weg stehen. Nofretete war in vergleichbaren Reichtum und Überfluss hineingeboren und wohl mit dem Königshof verbunden. Nach der Eheschließung fand sie sich mit einem der eigenwilligsten, autoritärsten, kreativsten und unbeugsamsten Geister der antiken Welt verheiratet, mit einem Mann, der Ägypten mit seinem persönlichen Fanatismus zerreißen würde. Er stand unter dem Schutz eines überaus gut funktionierenden autoritären Regimes. Es drohten keine Invasionen durch äußere Feinde. Amenophis IV. konnte tun, was ihm gefiel. Und ob sie es wollte oder nicht – er würde seine Frau, die

Große Königliche Gemahlin Nofretete, in seine vertrackten Vorhaben mit hineinziehen.

EIN NEUES ERSCHEINUNGSBILD

Eine Kolossalstatue zeigt Echnaton, den Pharao der 18. Dynastie, der 17 Jahre lang regierte.

Der König hatte große Pläne. Amenophis IV. nutzte ein Jubiläum, um seine besondere Beziehung zu einer wenig bekannten, aber sehr greifbaren Manifestation des Sonnengottes zu inszenieren: zu Aton, der mächtigen Scheibe, die am Himmel erstrahlt. Priester und Höflinge erfuhren, dass der Regent ein Sed-Fest plante – eine alte und ehrwürdige Zeremonie zur Erneuerung der königlichen Macht. Während der Feierlichkeiten müssen sich die Eliten unentwegt zugeraunt haben, dass das Ganze in eine recht seltsame Richtung gehe. Während sie den Hathor-Tänzen halbnackter Frauen zu Ehren des Leuchtens von Aton zusahen, während sie den König und ihre Königin beobachteten, die in einer Prozession die heiligen Wege entlanggetragen wurden, und die wunderlichen Porträts ihres Königs sahen, müssen sie gespürt haben, dass ein tiefgreifender Wandel in der Luft lag. Nofretete stand an der Seite des Königs, als sein Radikalismus in seinem fünften Regierungsjahr Gestalt annahm.

Mit seinen Kolossalstatuen und Reliefs präsentierte Amenophis IV. sich seinem Volk in neuer Gestalt. Sein Vater hatte sich noch mit naturalistischem, vollem Gesicht abbilden lassen – Amenophis IV. zog ein verfremdetes, in die Länge gezogenes Antlitz mit schmalen, schlitzförmigen Augen vor. Anstelle eines traditionell stilisierten Körpers mit normierten Gliedmaßen entschied er sich für eine übertriebene Streckung seiner Person mit dünnen Extremitäten, sodass er auf stabgleichen Fußgelenken stand. Die Ritualgegenstände hielt er in Händen, die mit alienartig aufwärtsgebogenen Fingern aus winzigen Handgelenken wuchsen. Bauch und Taille ließ er nicht verschlanken, im Gegenteil: Seine Hüften wurden ausladend dargestellt, geradezu weiblich-füllig. Die Oberschenkel wirkten wie Keulen auf extrem dünnen Waden und Knöcheln. Hinzu kam das interessante Detail eines leicht überstreckten Knies. Der vorgewölbte schlaffe Bauch hing derart weit über seinen Schurz, dass der Nabel nicht rund, son-

Nofretete stand an der Seite des Königs, als – im fünften Jahr der Regentschaft – sein Radikalismus zunehmend Gestalt annahm.

dern zu einem nach unten zeigenden V gezogen war. Als Ägyptologen Amenophis' IV. eindeutig nicht deformierte Mumie fanden, meinten viele, der König habe seinen Körper eingesetzt, um sich selbst zugleich als Tier und als Mensch, als Mann und als Frau zu präsentieren – als alles, was das Sonnenlicht zu erschaffen in der Lage war. Nofretete, seine Große Königliche Gemahlin, wurde gleichfalls mit überlangem Gesicht und Gliedmaßen dargestellt. Auf manchen Reliefs ist ihr Kinn derart nach unten verlängert, dass es unattraktiv, fast tierartig aussieht.

Indem er sich selbst von Sonnenlicht erfüllt darstellte, gab sich Amenophis IV. eine außerweltliche Anmutung, so, als sei er aus Sonnenstrahlen erschaffen. Sein Körper war entstellt, jedoch nicht durch Krankheit, sondern durch das goldene Licht einer neuen Schöpfung. Im Erscheinungsfenster seines Palasts, von dem aus er sich dem Volk zeigte und Geschenke verteilte, offenbarte er sich mit der aufgehenden Sonnenscheibe im Hintergrund. Dies verzerrte den Blickwinkel der unten Stehenden und zog seine Gestalt in die Länge. Den Betrachtern mag es so erschienen sein, als strahlte Sonnenlicht aus den Extremitäten von König und Königin, aus ihren Fingerspitzen und aus den Kronen auf ihren Köpfen. Mit dieser neuen Art der Selbstdarstellung zeigte der König unmissverständlich an, dass er und Nofretete, seine Königin, mit Gott verschmolzen und auf metaphysische Weise gänzlich verwandelt waren.

Unten: Ein Kelch aus der Zeit um 1353 v. Chr. trägt die Namen von König Echnaton und Königin Nofretete.

NOFRETETES STAMMBAUM

18. DYNASTIE

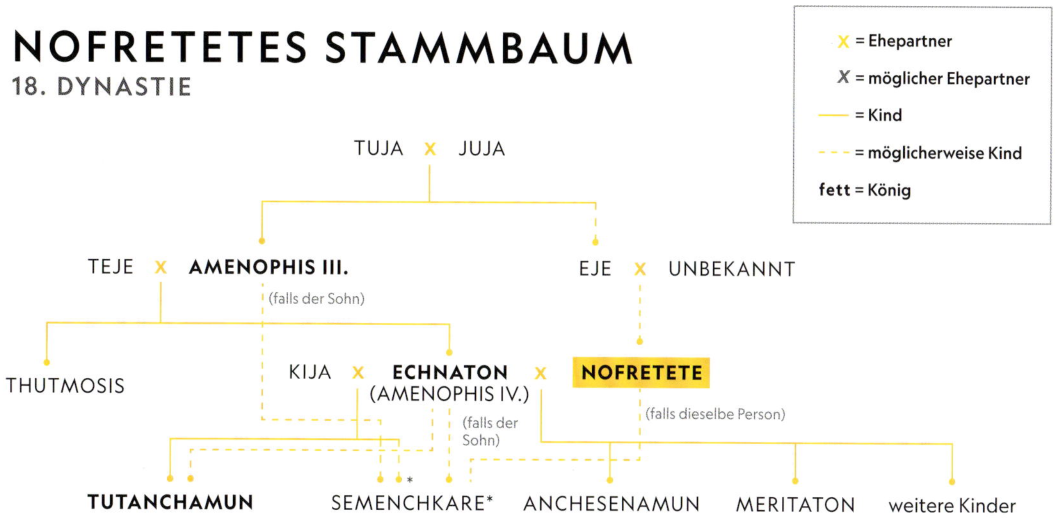

*Es wird darüber diskutiert, ob (1) Semenchkare Nofretete nach einer Namensänderung oder (2) eine andere Königin war, möglicherweise eine von Echnatons Töchtern, oder (3) Semenchkare ein weiterer Sohn Echnatons war, der vor König Tutanchamun regierte.

DER HORIZONT DES ATON

Amenophis IV. war der Ansicht, er brauche einen unbelasteten Neustart. Er kehrte den alten Regierungsstädten Heliopolis, Memphis und Theben den Rücken und zog vielleicht im Jahr fünf, spätestens aber im Jahr acht – die Ägyptologen sind hier uneins – nach Mittelägypten. Mit den Grenzstelen bringt Amenophis IV. zum Ausdruck, dass niemand ihn von der Weltanschauung abbringen konnte, die ihm von einem Gott gewährt worden war.

Unten: **Ein in Gold gefasster Lapislazuli, der einst wohl ein Ring war. Auf der Rückseite ist der Name „Nofretete" eingeschnitten.**

EINE HEILIGE STADT

Kurz nach seinem Jubiläum änderte der König seinen Namen. Aus Amenophis („Amun ist zufrieden"), den er von seinem Vater erhalten hatte, wurde Echnaton – „Der Aton dient" –, eine neue Bezeichnung, auf die er vermutlich im Anschluss an eine mehrstündige göttliche Vereinigung oder nach lebhaften Diskussionen mit anderen Aton-Anhängern kam.

Auch Nofretetes Name wurde geändert. Sie wurde zu Neferneferuaton Nofretete, übersetzt etwa „Schön sind die Schönheiten des Aton, die Schöne ist gekommen". Namensänderungen dieser Art wären zuvor undenkbar gewesen, und dieser nun umbenannte König sollte zudem die urbanen Zentren verlassen und eine neue Hauptstadt gründen, weit entfernt, auf jungfräulichem Boden in Mittelägypten. Dort schuf er aus dem Nichts eine neue Heilige Stadt und nannte sie Achet-Aton, den „Horizont des Aton", ein Name, der seinem eigenen neuen Namen bemerkenswert ähnlich war – so, als seien König und Stadt eine Einheit.

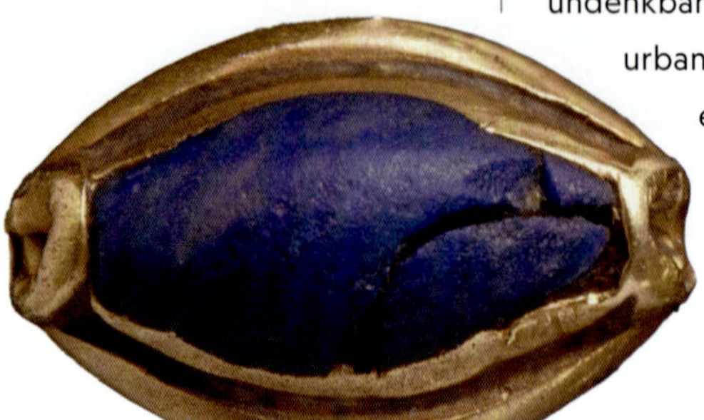

Die archäologische Fundstätte wird heute Tell el-Amarna genannt. Mit Echnaton und Nofretete kamen auch seine bevorzugten

In Amarna, der ägyptischen Hauptstadt, die zur Zeit der 18. Dynastie auf Geheiß Echnatons errichtet wurde, untersucht der Archäologe Barry Kemp einen beschädigten Stein mit Nofretetes Kartusche.

Eliten und in der Konsequenz, wie man annehmen darf, Korruption. Die ägyptische Gesellschaft stürzte ins Chaos.

STREITWAGEN AUS PUREM GOLD

Echnaton stampfte eine große Stadt aus dem Boden, in der der König und seine Familie im Mittelpunkt standen - eine Art „Pharaozentrismus", völlig konträr zu der Ausrichtung auf die Götter, wie es der bisherigen Tradition entsprach. Der tägliche oder jährliche Kalender drehte sich nicht mehr um Tempelfeste wie das Schöne Fest des Tals des Amun-Re, bei dem Amun die Grabmäler und Tempel der Vorfahren im Land der Toten auf dem Westufer von Theben besuchte. Jetzt, in der Stadt Achet-Aton, stellte die tägliche Reise des Gottes den König und seine Gemahlin dar, die ihre Streitwagen aus Gold und Elektrum lenkten. Kein ägyptischer König vor ihm war jemals in einem Streitwagen abgebildet worden, es sei denn im Krieg.

Doch Echnaton und Nofretete nutzten den Wagen nun auf neue Art und Weise: um ihre Verehrung für Aton zu zeigen und als Symbol für die Sonne selbst, die ihre auserwählten Stellvertreter in einem denkwürdigen feierlichen Umzug durch die Straßen einer brandneuen Heiligen Stadt trug. Echnaton und seine Ehefrau waren lebendige menschliche Götter. Wenn sie an ihren Eliten, Beamten und Arbeitern vorbeifuhren, verneigten sich alle tief und senkten die Häupter vor ihren göttlichen Führern.

DIE KERNFAMILIE

Echnaton ließ sich häufig zusammen mit seiner Königin abbilden. Doch wie jeder andere König besaß auch er einen Harem. Nur wenige der Frauen dieses Harems sind allerdings namentlich bekannt. Echnaton scheint es vorgezogen zu haben, ausschließlich die Frauen seiner Kernfamilie zu erwähnen. Nur eine seiner vielen Nebenfrauen kennen wir mit Namen – eine gewisse Kija oder „Affe". Kijas Existenz in Achet-Aton war indes nur kurz; ihre Nennungen und Bildnisse wurden absichtlich zerstört.

Eine Statuette zeigt Nofretete und Echnaton in der Amarna-Zeit (circa 1345–1337 v. Chr.).

IN GEGENSEITIGER ABHÄNGIGKEIT

Der neu titulierte Echnaton wusste, dass Nofretete seinen umstürzlerischen Plänen kritisch gegenüberstand, und ließ sich bei jeder Gelegenheit von ihr begleiten. Sie dürfte eine der wenigen Personen an seinem Hof gewesen sein, der er blind vertrauen konnte – einfach deshalb, weil ihre Stellung ganz und gar von ihm abhing. Ein Wort von ihm, und sie wäre degradiert worden und eine andere Frau hätte rasch ihren Platz als Große Königliche Gemahlin eingenommen. Insofern war ihrer beider Beziehung von einer ganz eigenen Koabhängigkeit geprägt.

Dies zeigt sich selbst in ihren Herrscherbildnissen. In Achet-Aton wurde Nofretete gewöhnlich in gleicher Körpergröße wie ihr Gemahl abgebildet und auch mit denselben merkwürdig verzerrten Körperformen. Auf einigen Darstellungen ist sie dank ihrer hohen Krone größer als ihr Ehemann. Auf einer (jetzt in Berlin befindlichen) Stele küssen sich zwei Personen mit identischem Körperbau, die beide königlichen Kopfschmuck tragen. Aus dieser Stele schließen einige Ägyptologen, dass Echnaton homosexuell war und seinen männlichen Liebhaber zum Mitregenten gekrönt hatte. De facto handelt es sich um eine Abbildung von Echnaton und seiner Ehefrau, Neferneferuaton Nofretete, die die Doppelkrone nach Art der Göttinnen Mut und Tefnut trägt, Hüterin und

Wahrerin der Sonne. Um diese Zeit herum – sie war seit sieben oder acht Jahren Hauptkönigin – musste Nofretete erleben, wie zwei ihrer Töchter in den Rang einer Großen Königlichen Gemahlin Echnatons erhoben wurden und ihr vermutlich auch den Titel der hochrangigsten Königin streitig machten.

Die Beziehung des Königs zu seinen Töchtern bringt eine inzestuöse Dimension in jene Bilder, die Echnaton dabei zeigen, wie er seine kleinen Mädchen zärtlich liebkost und küsst. Beide Töchter würden ihm Kinder gebären, offenbar wiederum Töchter – Meritaton Tascherit, was so viel heißt wie „Kleine Meritaton", und Anchesenpaaton Tascherit, die „Kleine Anchesenpaaton" (später Anchesenamun), beide nach ihren Müttern benannt. Doch obwohl Nofretete nicht länger Hauptfrau war, verschwand sie doch nicht von der Bildfläche. Vordergründig seiner Autorität unterstehend, erfand sie sich neu – als Mitkönig ihres Gemahls.

Diese Illustration, Ergebnis von 40 Jahren Ausgrabungs- und Forschungsarbeit, vermittelt einen Eindruck vom alten Amarna. In einer Szene beim Großen Palast treffen sich Bürger am Landungssteg, schöpfen Wasser und benutzen die Fähre. Der Palast selbst ist im Hintergrund zu sehen.

Nofretete dürfte eine der wenigen Personen an Echnatons Hof gewesen sein, der er blind vertrauen konnte.

Diese Seite: Im Inneren einer Grabkammer des Grabmals von Pharao Echnaton im Königlichen Wadi bei Amarna.

Rechte Seite: 1907 wurde in KV55, einem kleinen Grab im Tal der Könige, eine sehr schlecht erhaltene Mumie entdeckt. Grab KV55 enthielt ein Sammelsurium an Artefakten, die verschiedenen Königen und Königinnen aus der Amarna-Zeit zugeordnet werden konnten. Königliche Beinamen auf dem offenen Sarkophag ließen darauf schließen, dass es sich bei dem darin befindlichen Leichnam um Echnaton handelte. Moderne DNA-Analysen bestätigen, dass die Mumie ein Sohn von Amenophis III. und Königin Teje, den Eltern von Echnaton, und der Vater von König Tutanchamun war.

DIE NEUE MITREGENTIN

Ab dem Jahr zwölf findet sich auf den Abbildungen neben Echnaton ein neuer Mitkönig namens Ancheperure Neferneferuaton, in dem die meisten Historiker heute Nofretete selbst sehen. Sie hatte von ihrem Gatten bereits die Titulatur Neferneferuaton erhalten, und jetzt verzichtete sie zugunsten des Thronnamens eines Königs auf das Nofretete. Schließlich konnte Echnaton bezüglich der Fortführung seines theologischen Experiments niemand anderem vertrauen als seiner Gemahlin. Er brauchte sie mit allen Befugnissen an seiner Seite. Nofretetes Name lautete nun Ancheperure, „Die Manifestationen des Re sind lebendig". Da Echnaton ihr im Jahre fünf zudem den Beinamen Neferneferuaton verliehen hatte, muss er sie als seinen Mitkönig definiert haben. In diesem neuen Gewand hatte sie alle Bindungen an ihre Ursprungsfamilie gekappt und ihre bisherige Identität abgelegt.

Die Tatsache, dass er bereit war, seine Macht mit einer Frau zu teilen, deutet darauf hin, dass Echnaton sich verwundbar gefühlt haben muss. Er brauchte Raum und Zeit, um seinen Aton-Kult auszuweiten und zu perfektionieren. Anders als alle Könige vor ihm nutzte Echnaton die Co-Regentschaft nicht, um den Fortbestand seines Herrscherhauses zu sichern. Stattdessen legte er die Regierungsgeschäfte in die Hände seiner Frau. Tatsächlich gibt es keinerlei Hinweise darauf, dass Nofretete ihm Söhne geboren hätte, unter denen er hätte wählen können. Nofretetes Rang war mehr als der aller bisherigen Königinnen erhöht worden; er war sogar höher als der von Hatschepsut. Und was den Monarchen anging, so würde das Erbe seiner Regentschaft nach dem Tod des Königs an Nofretete fallen. Sie war seine vertraute Verbündete und offensichtlich dazu ausersehen, seine theologische Vision umzusetzen.

Echnaton und Nofretete erfreuen sich der Aufmerksamkeit ihrer Töchter und des Sonnengottes Aton. Die Innigkeit der Szene und die Darstellung des Paars als Teil einer lebensspendenden Triade illustrieren die neue religiöse und künstlerische Weltanschauung des Königs.

ANCHEPERURE SEMENCHKARE

Während seiner Regierungszeit hatte Echnaton einen radikalen Wandel über Ägypten gebracht. Ägyptische Geschichtsschreiber sollten sich an keinen der politischen Akteure erinnern, die diese Periode ermöglichten und von denen jeder Einzelne die tiefen Narben von Echnatons Bemühungen trug, die Göttlichkeit nach seinem eigenen Bild neu zu gestalten. Nach seinem Tod versuchte Nofretete, die Fehlentscheidungen ihres Gatten zu korrigieren.

Ein bemaltes Relief aus Amarna, das vermutlich Semenchkare zusammen mit der Großen Königlichen Gemahlin Meritaton zeigt.

DER NEUE MÄNNLICHE KÖNIG

Der König, der nach Echnatons Tod den Thron bestieg, trug den Namen Ancheperure Semenchkare. Nach dessen (oder deren) Regentschaft sollte der berühmte Kind-König Tutanchamun die Macht übernehmen. Bis vor Kurzem wurde angenommen, bei Semenchkare habe es sich um einen männlichen Verwandten aus der 18. Dynastie gehandelt, möglicherweise einen Bruder Echnatons. Doch bei näherer Betrachtung des Thronfolgestreits sowie angesichts des Thronnamens Ancheperure, den Nofretete als Mitregentin Neferneferuaton benutzte, deutet vieles darauf hin, dass der oder die mysteriöse Semenchkare niemand anderes war als Nofretete selbst. Sollte in der Tat Nofretete Ancheperure Semenchkare gewesen sein – worüber Ägyptologen streiten –, sah sie sich mit der Aufgabe konfrontiert, die Wunden zu heilen, die Echnaton seinem Volk zugefügt hatte. Ihr Sonnenkönigsgemahl hatte Unsummen ausgegeben und gigantische Baumaßnahmen in Gang gesetzt. Im Gegensatz zu früheren Königen der 18. Dynastie, die sich in Schlachten bewiesen und Einnahmen in Form von Gold und Mineralien generierten, hatte sich Echnaton nie darum gekümmert, woher die Gelder für seine Vision kamen. Ägypten war bankrott.

Falls nun Nofretete das Sagen hatte, zunächst als Mitkönigin Neferneferuaton, dann als Semenchkare, so scheint sie versucht zu haben, Ägypten vor weiteren Folgen der Entgleisungen ihres Ehemanns zu bewahren. Eine ihrer ersten Anweisungen bestand darin, die Stadt Achet-Aton aufzugeben. Es macht Sinn, dass dies umsichtig und respektvoll in Angriff genommen wurde: ein Bemühen um Frieden und Versöhnung, um frühere Fehler wiedergutzumachen, um sich die Gunst der Menschen zu erhalten, die dorthin umgesiedelt waren. Archäologen fanden in Tell el-Amarna die Eingänge zu Tempeln, Wohnhäusern und Palästen sorgsam zugemauert, so, als seien sie in der Absicht verschlossen worden, später wiederzukommen, um noch dort verbliebene Besitztümer abzuholen.

Insgesamt betrachtet ist Nofretetes Geschichte als weibliches Staatsoberhaupt unklar und unvollständig. De facto wird ihre Lebensgeschichte schemenhaft bleiben – so lange jedenfalls, bis Archäologen ein Grab finden, vielleicht sogar einen Leichnam. Der nächste König war Tutanchaton (der seinen Namen später zu Tutanchamun änderte). Einigen Historikern zufolge war er Nofretetes Enkelsohn.

Ein Tempelstück zeigt die für Amarna-Kunst typische Überspitzung von Nofretetes feinen Gesichtszügen und ihrem schlanken Hals.

WER WAR SEMENCHKARE?

Ein Grund, warum manche Ägyptologen die These ablehnen, Semenchkare sei Nofretete gewesen, ist die Tatsache, dass dieser König Ehefrauen hatte. Obwohl es an der Tagesordnung war, dass ein Vater seine Tochter heiratete, so galt dies für eine Mutter nicht. Schließlich konnte die Ehe in einer solchen Verbindung nicht vollzogen werden. Falls es in Nofretetes Regentschaft eine Königin gab, dann gewiss deshalb, weil irgendjemand die rituelle weibliche Rolle übernehmen musste, nachdem Nofretete sich selbst maskulinisiert hatte. Da Meritaton ihrem Vater eine hervorragende Große Königliche Gemahlin gewesen war, übernahm möglicherweise sie diese Aufgabe.

KAPITEL FÜNF

TAUSRET
DIE ÜBERLEBENS-KÜNSTLERIN

Wahrscheinlich wurde Tausret in den letzten Jahren der 67-jährigen Regierungszeit von Ramses II. während der 19. Dynastie (1295–1186 v. Chr.) geboren. Ihre Abstammung ist unklar. Sie behauptete nie, eine Königstochter oder -schwester zu sein; wahrscheinlich war sie nur eine der vielen Töchter der etwa 50 namentlich bekannten Söhne Ramses' II. Ihre Geschichte weist Ähnlichkeiten mit einigen der bereits erwähnten Königinnen auf. Wie Meritneith fungierte auch sie als Regentin für einen König, der zu jung für die Herrschaft war. Wie Nofrusobek regierte sie ohne einen männlichen Akteur an der Seite. Und wie Hatschepsut war sie nicht die Mutter des königlichen Jungen, in dessen Namen sie regierte, sondern mindestens eine Verwandschaftsstufe entfernt. Gleichfalls wie Hatschepsut wurde auch sie Gottesgemahlin des Amun und nutzte ihre priesterliche Macht für den Sprung zur Königsherrschaft.

Als in KrisenzeitenTausrets Führungsqualitäten benötigt wurden, stand sie einer Gesellschaft gegenüber, die autoritären Frauen zutiefst misstraute und entschlossen war, gegen weibliche Herrschaft vorzugehen. Mehr als jeder andere weibliche König, den Ägypten zuvor gehabt hatte, musste sich Tausret wie ein ehrgeiziger männlicher Spieler verhalten. Ihre Macht sollte von kurzer Dauer sein; dennoch brauchte Ägypten diese Frau. Das System des Gottkönigtums und eine verunsicherte ägyptische Bevölkerung konnten ohne einen weiteren weiblichen Herrscher nicht auskommen.

Links: Eine Wandmalerei in Tausrets Grab (KV14) stellt die Königin als König dar, doch die Darstellungen wurden später geändert. König Sethnacht, Tausrets Nachfolger und erster König der 20. Dynastie, erweiterte Tausrets Grab und verwendete es neu.

Unten: Die Ätzungen im Silberarmband für König Sethos II. zeigen Szenen mit Königin Tausret, die dem König ein Opfer darbringt.

TAUSRETS ÄGYPTEN

Während der 19. Dynastie und unter der Herrschaft von Ramses II. sind König und Königin nicht mehr als gleichberechtigte Partner zu sehen. Die Königin ist nun vergleichsweise zwergenhaft, ihr verbleibt eine winzige Darstellung neben dem Unterschenkel des Königs, die nicht einmal sein Knie erreicht. Ausnahmen kommen vor, doch insgesamt wird deutlich, dass sich etwas gegen den Ausdruck weiblicher Macht verschoben hat.

Der beeindruckende Deckel stammt vom Granitsarkophag im Grab König Merenptahs. Dargestellt ist Göttin Isis, die ihre Flügel schützend ausbreitet.

KÖNIG MERENPTAH

Als König Ramses II. auf sein 80. Lebensjahr zuging (um 1200 v. Chr.), wurden zwölf Kronprinzen benannt. Sie starben nacheinander. Jeder Tod verursachte angstvollen Aufruhr, da alle Hierarchien und Nachfolgeregelungen neu geordnet werden mussten. Schließlich gelangte der Titel des Kronprinzen zum 13. Sohn – einem gewissen Merenptah –, der die Position im Jahr 55 der Regierungszeit seines Vaters erhielt. Merenptah, wahrscheinlich selbst schon recht reif, hatte weitere zwölf Jahre auf den Tod seines Vaters zu warten. Als er den Thron bestieg, muss er 40 oder 50 Jahre alt gewesen sein; er hatte eine Frau und erwachsene Söhne.

König Merenptah fiel die Aufgabe zu, einen mächtigen Verbund sogenannter „Seevölker" zurückzuschlagen, die ins Nildelta eingedrungen waren. Einige gaben sich als Libyer zu erkennen. Andere waren neue Zuwanderer, die als Angehörige von Stämmen wie Peleset (Philister), Scherden oder Mešweš identifiziert wurden. Unzählige von ihnen fielen in den Kämpfen; einem größeren Teil gelang es jedoch, sich am Nil-

delta niederzulassen. Im verzweifelten Versuch, ein einträgliches Leben zu finden, brachten viele von ihnen ihre Frauen, Kinder und ihr Vieh mit. Tausrets Ägypten war damit unumkehrbar globalisiert, voller fremder Völker und Entscheidungsträger. Levantinische, kanaanitische, syrische, libysche, nubische, kuschitische Einflüsse wuchsen in den ägyptischen Machtbereichen. In den Augen der jungen Tausret schien wohl alles gut zu funktionieren. Rebellionen waren niedergeschlagen, Invasoren abgewehrt, Allianzen und Schwüre gehalten worden. Man hatte Tempel errichtet und monumentale Statuen gebaut.

Erst als es für Gegenmaßnahmen zu spät war, sollte sie erkennen, dass alles nur Fassade war: Die Saat der Zerstörung Ägyptens war gelegt worden. Merenptahs Millionenjahrhaus (wie die Totentempel genannt wurden) errichtete man weitgehend aus dem Millionenjahrhaus des Amenhotep III.; es wurde zusammengestückelt aus recycelten Blöcken und neu beschnittenen Standbildern. Darüber hinaus erwies sich die strukturelle Destabilisierung, die durch die überlange Herrschaft von Ramses II. entstanden war, als anhaltende Plage. Bruder kämpfte gegen Bruder. Als Merenptah schließlich im Alter von 60 oder 70 Jahren starb, waren die meisten seiner eigenen Söhne vor ihm gestorben.

Das Grabmal des Merenptah (KV8) befindet sich im Tal der Könige. Die Wände im Inneren des Grabes stellen Passagen aus dem Totenbuch dar. Das Buch enthält Zaubersprüche, die den Toten ins Jenseits geleiten sollen.

SETHOS II.

Als Kronprinz hatte Merenptah auf seinen öffentlichen Denkmälern einen Sohn namens Sethos-Merenptah benannt, der in der Ägyptologie als Sethos II. bekannt ist. Sethos II. war bereits ein alter Mann mit Ehefrau und erwachsenen Kindern. Vom ägyptischen König erwartete man, dass er neuen Nachwuchs zeugen würde. Also musste er eine jüngere Große Königliche Gemahlin nehmen - die Wahl fiel auf Tausret. Zwei Große Königliche Gemahlinnen mussten nun miteinander auskommen.

Tausret wurde zu einer Zeit Königin, als in Ägypten ein Bürgerkrieg zwischen Sethos II. und Amenmesse, dem Statthalter des Südens, ausgetragen wurde. Von seiner Festung in Nubien aus erklärte Amenmesse sich bereits während Merenpthas Regierungszeit zum rivalisierenden König. Es wurde gekämpft, bis Amenmesse Theben einnahm. Nachdem er dort mehrere Jahre König war, wurde er von Sethos II. dank dessen militärischer Übermacht besiegt.

Sethos II. kontrollierte ein nunmehr vereintes Ägypten, als ein neuer Spieler auf der Bühne erschien - ein Mann namens Bay. Bay war Kanzler, ein Mann des Geldes, der Reichtum und damit Einfluss vergab. Möglicherweise wurde er nach Theben geschickt, um die Macht des Königs zu festigen. Er dürfte die Gelegenheit genutzt haben, seine eigenen Ambitionen voranzutreiben. Bay ordnete die Entfernung eines Reliefs des Kronprinzen von Sethos II. am Karnak-Tempel an, um es durch sein eigenes Bildnis zu ersetzen - ein beispielloser Akt. Und Sethos II. sollte nicht mehr lange leben.

Oben: Das Relief vom Eingang seines Grabs im Tal der Könige zeigt möglicherweise König Sethos II., circa 1214-1186 v. Chr.

Links: Ein kleiner Tempel, der von Sethos II. im Karnak-Tempel bei Luxor erbaut wurde.

TAUSRETS STAMMBAUM

19. DYNASTIE

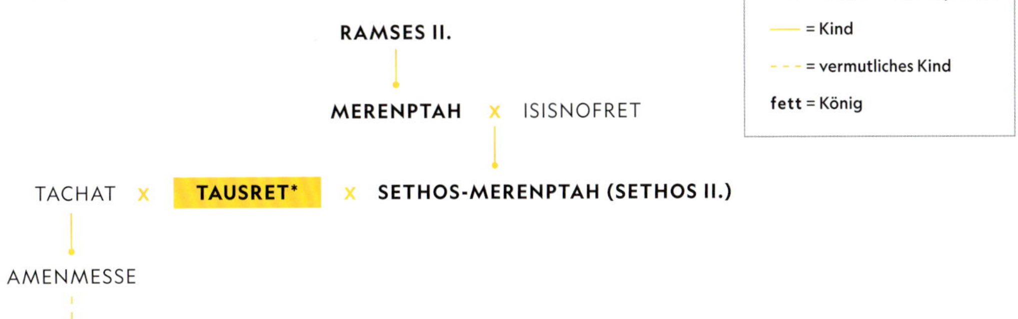

*Manche Wissenschaftler halten Tausret für eine Tochter Tachats.

GOTTESGEMAHLIN DES AMUN

Mit dem Tod Sethos' II. taumelte Ägypten in eine Zeit der Unsicherheit. Der nächste König, Siptah, war nicht nur ein Kind von etwa zehn Jahren; er war auch behindert und hatte einen Klumpfuß, der wohl von einer Kinderlähmung herrührte. Seine Abstammung ist unklar. Sein Vater könnte Sethos II. gewesen sein oder sogar Amenmesse. Tausret war definitiv nicht seine Mutter. Dennoch agierte sie schließlich als Regentin für den Jungen.

Filigrane Details schmücken die Decke im Grab König Siptahs (KV47). Sie stellen den Thronnamen des Königs dar.

DER JUNGE KÖNIG SIPTAH

Etwa zur Zeit ihrer Ernennung als Siptahs Regentin wurde Tausret in Theben auch zur Gottesgemahlin des Amun ernannt. Damit besaß sie die gleiche priesterliche Stellung, die einst Hatschepsut innehatte – und wie Hatschepsut nutzte Tausret sie, um im Laufe der Zeit weitere Macht zu erlangen. Ihre neue Position muss den Eliten von Theben befremdlich vorgekommen sein. Das Amt der Gottesgemahlin des Amun war lange nicht mehr als Machtinstrument eingesetzt worden. Tatsächlich scheint es gezielt zu dem Zweck geschaffen worden zu sein, Tausrets Rolle als amtierende Regentin eines Jungen, der nicht ihr Sohn war, zu legitimieren. Tausret hat in Theben allerdings nicht viele Eigendarstellungen als Regentin hinterlassen. Alle Quellen deuten darauf hin, dass es der Mann namens Bay war, der die wirkliche Kontrolle ausübte.

BAY, DER FREMDE

Einige Ägyptologen verfolgen die Theorie, dass Bay Siptahs Onkel war, blutsverwandt durch dessen Mutter. Siptah, der schwache Junge,

ermöglichte es Bay, eine zwar informelle, aber massive Macht zu erlangen. Als unentbehrlicher Berater für einen jungen, unerfahrenen König erhob er sich zur wahren Autorität über ganz Ägypten. Er erweckte den Anschein, als würde er an den Traditionen der altägyptischen Herrschaft festhalten, dabei besaß er keinerlei verwandtschaftliche Verbindung zur königlichen Familie. Vielleicht war er nicht einmal Ägypter.

Die ägyptische Kultur zwang ihn, der Königin-Regentin des Landes den gebührenden Respekt zu zollen. Wann immer Bay sich also in einem öffentlichen Tempel in großem Maßstab darstellen ließ, ließ er daneben Tausret abbilden. Die gemeinsamen Darstellungen von Bay und Tausret wurden vielfach als Belege ihrer politischen Partnerschaft und bisweilen sogar als Indiz für eine sexuelle Beziehung gedeutet. Tatsächlich sind die Bilder ein Beispiel für eine königliche Frau, die von einem Außenstehenden als Spielball der Macht manipuliert wird. Tausret diente als Tarnung, als menschliches Schild. Sie war Bays Mittel, um alle Macht zu erlangen, während sie nur die der Tradition geschuldete Aura dieser Macht als die Hauptkönigin ihres toten Mannes besaß.

Doch offensichtlich hatte Tausret noch einige Asse im Ärmel. Es dauerte Jahre, ehe sie zurückschlug. Obwohl keine Einzelheiten über Bays Tod belegt sind, vertreten Historiker die Ansicht, dass Tausret mit ziemlicher

Thutmosis III. erbaute den Tempel von Amada und widmete ihn Amun. Kanzler Bay und Tausret sind im Tempel auf einem Paar Türpfostenreliefs dargestellt.

WEGGEMEISSELT

Die ägyptische Nachwelt sollte sich kaum an Bay erinnern. Folgende Passage, die sich möglicherweise auf ihn bezieht, stammt aus dem Papyrus Harris I: „Dann kam eine andere Zeit, die aus leeren Jahren bestand, als Irsu, ein Syrer, als Häuptling unter ihnen war und das ganze Land vor ihm unterjocht hatte ... und in den Tempeln wurden keine Opfergaben dargebracht." Als Bay verschwunden war, ergingen Befehle, ihn von Abbildungen in allen ägyptischen Tempeln und Statuen wegzumeißeln.

Innenraum von Tausrets Grab; mit den Gräbern von Bay und Siptah bildete es vermutlich ein Gräbertrio.

Sicherheit die Vernichtung dieses Eindringlings im ägyptischen Zentrum der Macht befohlen hat. Sie fand neue Unterstützer - und schließlich einen Weg, um sich von ihm zu befreien. Nun konnte Tausret ihren jungen Schützling, König Siptah, so ausbilden und erziehen, wie sie es für richtig hielt. Doch weniger als zwei Jahre später war auch Siptah tot, kaum im sechsten Jahr seiner Königsherrschaft, vermutlich nicht einmal 16 Jahre alt.

Links: Ein Relief mit der Darstellung zweier Gottheiten, um 1189 v. Chr., schmückt eine Wand in Tausrets Grab.

Unten: Tausrets Kelch aus der Zeit des Neuen Reichs in Ägypten.

AUFSTIEG UNTER NEUEM NAMEN

Obwohl offiziell Siptah die Verantwortung für die Ermordung Bays angelastet wird, war Tausret zweifellos an dem Plan beteiligt. Tatsächlich existieren sogar zahlreiche Indizien dafür, dass sie auch Siptah töten ließ. Sobald dieser von der Bildfläche verschwunden war, konnte sich Tausret als weiblicher König etablieren - mit einer Reihe neuer Namen, die in Tempelritualen in ganz Ägypten demonstrativ verliehen wurden.

Ihre königlichen Namen verbinden sie mit Heliopolis im Norden (Horusname: „Starker Stier", „Geliebt von Maat", „Schön wie König Atum") und Theben im Süden (Thronname: „Tochter des Re", „Geliebt von Amun"). Sie ergänzte bei ihrem Aufstieg sogar ihren Vornamen und wurde Tausret, Geliebt von Mut - eine Referenz an Amuns gewalttätige Gefährtin in Theben. Vielleicht hat Tausret ihre Eliten auf diese Weise ihre Motivation wissen lassen: Mut war zu brutalen Taten fähig, jedoch nur im Namen des Wahren und Guten.

Sobald Siptah von der Bildfläche verschwunden war, konnte sich Tausret als weiblicher König etablieren.

EINE FRAU IN DER DEFENSIVE

Tausret war die letzte Vertreterin einer erschöpften, durch interne Machtkämpfe geschwächten Dynastie. Sie ist das Produkt verheerender Zeiten, in denen ihr Land am Rande des Zusammenbruchs taumelte. Tausret durchlebte einen Bürgerkrieg, holte sich die Macht vom geldgierigen Bay zurück und hatte, wenngleich nur für kurze Zeit, die höchste Position im Land inne. Sie war das Opfer von Dezentralisierung, Krieg und Aufruhr.

Das bemalte Wandrelief aus Tausrets Grab zeigt den Gott Nehebkau in Gestalt einer Schlange. Als König Sethnacht nach nur wenigen Jahren der Herrschaft starb, wurde er auf Anordnung seines Sohnes Ramses III. in Tausrets altem Königsgrab beigesetzt.

TAUSRETS GRAB

Die Umstände von Tausrets Tod sind unklar. Historiker halten es für sehr wahrscheinlich, dass sie gewaltsam von der Macht entfernt wurde, da man ihre Herrschaft als illegitim ansah. Aber ein besonderes Merkmal an Tausrets Grab erzählt von der Wertschätzung durch ihr Volk: Die Namen der Königin wurden hier und an anderen Stellen nie absichtlich zerstört. Tatsächlich finden sich an den wenigen Denkmälern Tausrets keine gezielten Hackspuren. Die von ihr erhaltene Statue trägt keine Tilgungsnarben.

Auch später, unter Ramses VI., erwähnte man Tausret in den zeitgenössischen Texten weiter mit ihrem Namen in einer Kartusche. Darin wurde sie weder als Feindin noch mit einem anderen verunglimpfenden Namen bezeichnet. Womöglich ist sie sogar in einem Ostrakon der 20. Dynastie dargestellt: Das Bild zeigt einen Wagen mit einer Königin und einem Jungen, der auf einen Feind in einem Wagen gegenüber schießt. Tausret taucht auch später in der Königsliste des Manetho auf – als Thuoris, ein legendärer Mann von Theben.

Statuen der Sachmet stehen im Bezirk der Mut, einem der vier Haupttempel, die den Tempelkomplex von Karnak bilden. Im Zuge ihrer Thronbesteigung ergänzte Tausret ihren Namen durch „Geliebt von Mut".

KÖNIGIN OHNE ERBEN

Tausret war kühn und mutig. Sie besaß die Fähigkeit, große Risiken einzugehen und aus ihren Leistungen Kapital zu schlagen. Ihr Königtum jedoch war von kurzer Dauer. Während ihrer Herrschaft wurde kaum etwas von Bestand erreicht und nur wenig gebaut. Ihre bildlichen Darstellungen waren nie so vermännlicht wie die der Hatschepsut. Wie vor ihr Nofrusobek zeigte sich Tausret als Frau. Sie versuchte nie, der vermännlichte König ihres Volkes zu werden. Dafür hatte sie nicht genug Zeit, vielleicht mangelte es auch an der politischen Unterstützung.

Von Beginn an übte Tausret ihre Macht aus einer Defensivhaltung heraus aus. Dennoch erreichte diese Königin, was keiner ägyptischen Frau vor ihr gelang: Sie griff aus eigenem Ehrgeiz nach dem Königtum. Tausret besaß keine Erben, keine Kinder. Der nächste König würde nicht ihr Sohn sein. Wir erkennen stattdessen eine Fortführung der Machtausübung durch die übergroße Familie Ramses' des Großen.

KAPITEL SECHS

KLEOPATRA
GLAMOURÖSE DRAMA-QUEEN

Nach Tausret dauert es über tausend Jahre, bis die nächste ägyptische Königin die Bühne betritt. Streng genommen gehört sie nicht wirklich in die Liste altägyptischer Königinnen, denn Kleopatra gehörte der Dynastie der Ptolemäer (332–30 v. Chr.) an, einer makedonisch-griechischen Herrscherfamilie, die als halbwegs autonome Regierung in Ägypten erneut Fuß fassen konnte. Die Ptolemäer griffen das System des Gottkönigtums freudig auf.

Fast hätte Kleopatra (offiziell: Kleopatra VII.) alle ihre Ziele erreicht. Als letzte Herrscherin des Ptolemäerreichs hat sie zahlreiche Verdienste erworben. Sie regierte Ägypten kurz vor dessen Eingliederung ins Imperium Romanum. Um die römische Oberherrschaft abzuwehren, manipulierte sie römische Staatsmänner mit allen ihr zur Verfügung stehenden Mitteln.

Kleopatra ist die einzige Frau auf diesen Seiten, die ihre Dynastie mittels ihrer Fruchtbarkeit stärkte. Sie ist die einzige, die – erfolgreich – versuchte, die Nachfolge über ihre leiblichen Kinder von mächtigen Männern zu sichern. Sie verband brillante Führungsqualitäten mit einem fruchtbaren Leib und war dennoch niemals eine gefügige Ehefrau.

Der erste römische Feldherr, den Kleopatra sich erwählte, Gaius Julius Caesar, wurde von seinen Landsleuten ermordet, weil er zu viel Macht an sich gerissen hatte. Der zweite, Marcus Antonius, übertrieb sein Ansinnen, große Landstriche in Zentralasien zu erobern. Hätte einer der beiden länger gelebt und wäre siegreich gewesen, hätte Kleopatra ihre Macht ausbauen können und erschiene heute in einem anderen Licht.

Rechts: „Kleopatra" von John William Waterhouse (1848–1917).

Unten: Miniatur-Halskragen, circa 332–246 v. Chr., aus Gold, Karneol, Türkis und Lapislazuli. Das Stück ist derzeit im Metropolitan Museum of Art in New York ausgestellt.

DAS LEBEN ZUR PTOLEMÄERZEIT

Kleopatra muss sich bewusst gewesen sein, dass Ägypten der Hauptgewinn eines gefährlicher werdenden römischen Machtgerangels war. Aufmerksam verfolgte sie, wie die Kriegsherren ihr Land umkreisten – wenngleich keiner wagte, Ägypten direkt anzugreifen. Sie erkannte, dass sie sich von Rom militärische und finanzielle Unterstützung erhoffen konnte, um das Blatt zugunsten der Ptolemäer zu wenden.

Eine Stele zeigt Ptolemaios V., der dem Buchis-Stier opfert. Diesem kam als Verkörperung des Gottes Ptah eine bedeutende Rolle zu.

STÄNDIGER STRESS

Das Leben der Ptolemäer dürfte von permanentem Stress begleitet gewesen sein. Unter ihnen gab es Scheinbündnisse, Meuchelmorde und so umfassende Kenntnisse über Gifte, dass sie das Ausmaß häuslicher chemischer Kriegsführung erreichten. Sämtliche Mitglieder der Königsfamilie besaßen eine eigene Entourage, die bei den intriganten Rivalitätskämpfen eine zentrale Rolle spielte. Jeder Sohn und jede Tochter der Ptolemäer hatte eine solche Gefolgschaft; sie bestand zum Teil aus griechischen Gelehrten, die als Lehrer oder Strategen fungierten. Hinzu kamen Generäle, Finanzleute oder Verwaltungsbeamte.

Jedes Kind der Familie scheint somit von einer Gruppe Erwachsener aus der ägyptischen Hauptstadt Alexandria umgeben gewesen zu sein. Diese hatten ihren jeweiligen Schützling stets im Blick, kümmerten sich um dessen Ausbildung in Rhetorik, Politik und Fremdsprachen – und darum, ihre eigenen Interessen gewahrt zu sehen, wenn ihr Protegé das Alter erreicht hatte, um sich auf das politische Schlachtfeld zu begeben. Noch bevor eine ptolemäische Prinzessin alt genug war, ihre eigenen Schlachten zu schlagen, konnte ein Mitglied ihrer Entourage dies stellvertretend für sie tun.

Alexandria war voll von konspirativen Umtrieben. Die Ränkeschmiede ersannen Strategien, wie sie ihren jeweiligen Aspiranten am besten an die Spitze des Königshauses befördern konnten - indem sie Gegenspieler aus dem Weg räumten, Widersacher verleumdeten und Allianzen schmiedeten, um Nebenbuhler auszuschalten.

PTOLEMÄISCHE ALLIANZEN

Dies war das kulturelle Umfeld, in dem Kleopatra VII. aufwuchs. Ein solches Dasein muss nervenaufreibend gewesen sein - wo ein Bruder seine Schwester ermordete, eine Frau gegen ihren Ehemann intrigierte, ein Vater seine Tochter hinrichten ließ. Gleichzeitig pflegten die Mitglieder dieser Familien ein selbstschützendes Inzestsystem, um nur ja zu verhindern, dass Konkurrenz von außen in die Familie eindrang.

Angesichts ihrer langlebigen Dynastie ist es verwunderlich, dass die griechischsprachigen Pharaonen nicht auch den wichtigsten Bestandteil des altägyptischen Machtsystems übernahmen: den Harem. Anstatt ihre Erbfolge durch mehrere Frauen zu sichern, waren diese Könige offiziell immer nur mit einer Frau vermählt - und sei es ihre eigene (Halb-)Schwester.

Eine Goldmünze, datiert zwischen 69 und 30 v. Chr., mit dem Profil Kleopatras VII.

KLEOPATRAS STAMMBAUM

PTOLEMÄER-DYNASTIE

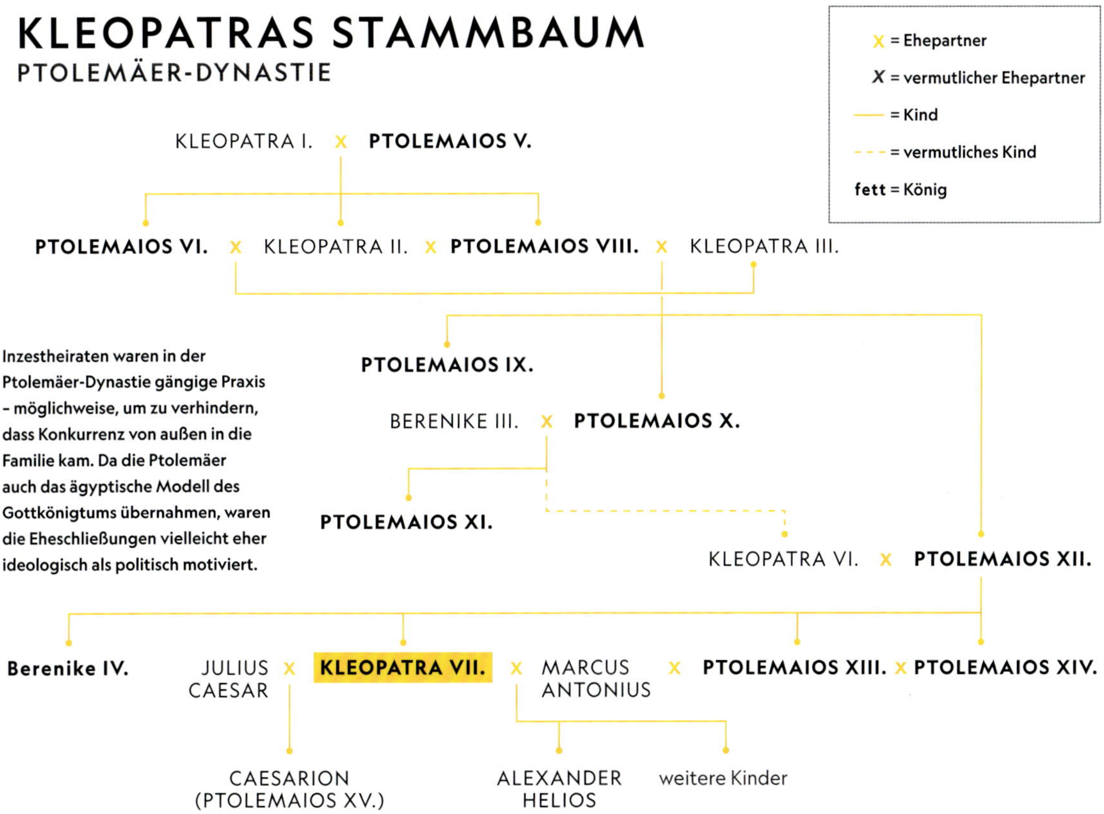

Inzestheiraten waren in der Ptolemäer-Dynastie gängige Praxis - möglicherweise, um zu verhindern, dass Konkurrenz von außen in die Familie kam. Da die Ptolemäer auch das ägyptische Modell des Gottkönigtums übernahmen, waren die Eheschließungen vielleicht eher ideologisch als politisch motiviert.

Die Tempelanlage von Philae erhebt sich auf einer Insel im Nil südlich von Assuan. Ptolemäische Pharaonen errichteten einen Großteil dieses Gebäudekomplexes als Zentrum der Verehrung der Göttin Isis. Wie die meisten Königinnen ihres Hauses identifizierte sich Kleopatra mit dieser beliebten Gottheit.

CO-REGENTEN

Ptolemaios XII. scheint geahnt zu haben, dass sein Tod nicht mehr fern war, denn er nannte seine beiden ältesten Kinder Theoi Neoi Philadelphos – „Neue Götter" und „Liebende Geschwister". Damit zwang er die 18-jährige Kleopatra in eine politische Partnerschaft mit ihrem Bruder Ptolemaios XIII. Als ihr Vater im darauffolgenden Jahr starb, zögerte die Entourage Ptolemaios' XIII. nicht, umgehend gegen dessen Schwester vorzugehen.

Das Tusculum-Porträt gilt als eine der realitätsgetreuesten Darstellungen Julius Caesars. Es wird auf ca. 50 v. Chr. datiert und ist eine von nur zwei erhaltenen Büsten, die zu seinen Lebzeiten entstanden.

DER FALSCHE BÜNDNISPARTNER

Unter der Last eines hohen Schuldenbergs sah sich König Ptolemaios XII. genötigt, seinen Letzten Willen in Rom zu deponieren. In diesem Testament ernannte er zwei gemeinsame Erben – seine Tochter Kleopatra VII. und seinen Sohn Ptolemaios XIII. Beide sollten der Vormundschaft des römischen Volkes unterstehen, wenn sie Ägypten als Königin und König übernahmen. Schon wenige Monate nach ihrer gemeinsamen Thronbesteigung heizte sich die Stimmung zwischen den Geschwistern auf. Kleopatra ließ sich auf zahlreichen Monumenten als Alleinherrscherin nennen. Ptolemaios schlug zurück, indem er Pompeius (einen langjährigen Verbündeten seines Vaters) dazu brachte, Kleopatra offiziell als Mitregentin abzusetzen, was gegen die Bestimmungen des väterlichen Testaments verstieß. Kleopatra ging ins Exil. Sie verließ Alexandria und begab sich zunächst südwärts nach Theben und dann weiter nach Syrien.

Bald jedoch sollten Ereignisse eintreten, auf die keiner der beiden ägyptischen Monarchen Einfluss hatte und die nicht nur die Spielregeln, sondern auch die Konstellation der Mitspieler änderten. Pompeius und Julius Caesar trafen in der Schlacht von Pharsalos in Griechenland aufeinander, was in einer vernichtenden Niederlage für Pompeius endete, der daraufhin nach Ägypten floh. Ptolemaios XIII., der ungern auf der Verliererseite stand, erkannte, dass er aufs falsche Pferd gesetzt hatte.

Ein Relief am Haupteingang zum Horus-Tempel zeigt König Ptolemaios XII., den Vater von Kleopatra.

EIN DISKRETES TREFFEN

Ptolemaios und seine Ratgeber waren in Panik. Kleopatra war heimlich nach Alexandria zurückgekehrt und kam ihnen mit einer diskreten ersten Begegnung mit Caesar zuvor. Die Umstände waren perfekt: Caesar war in Ägypten, er war wütend auf ihren Bruder - und sie stand mit einem Heer am östlichen Delta und wollte die Gunst der Stunde nutzen.

47 v. Chr. schlug Caesar Kleopatras Bruder in einer vernichtenden Schlacht. Ptolemaios XIII. ertrank im Nil. Seine Schwester hatte nicht nur den richtigen Kriegsherrn unterstützt, sie war vermutlich auch bereits schwanger von Caesar, Roms mächtigstem Staatsmann. Damit nutzte Kleopatra ihre Fruchtbarkeit für politische Zwecke - wie ein Mann es getan hätte.

Um Caesar von Angesicht zu Angesicht zu treffen, war Kleopatra heimlich nach Alexandria zurückgekehrt. Die Umstände waren perfekt.

KLEOPATRA UND CAESAR

Nachdem Caesar aus Ägypten abgereist war, wahrten Kleopatra und ihr jüngerer Bruder Ptolemaios XIV., der auf Ptolemaios XIII. gefolgt war, den Schein einer Co-Regentschaft. Der Kindkönig muss gewusst haben, dass seine ältere Schwester unter dem Schutz des großen Politikers stand, und scheint keine Machtspielchen probiert zu haben – zumindest nicht gleich. Nach der Entbindung reiste Kleopatra mit ihrem kleinen Sohn nach Rom.

PTOLEMAIOS CAESAR

47 v. Chr. brachte Kleopatra einen Sohn zur Welt, den sie Ptolemaios Caesar Theos Philopator Philometor taufte – Ptolemaios Caesar, der Gott, der seinen Vater und seine Mutter liebt. Dies ließ keinen Raum für Zweifel hinsichtlich der Vaterschaft Caesars oder ihrer Ansprüche auf dessen Erbe. Zumindest in Zypern ließ sie sogar Münzen prägen, die sie mit dem Baby zeigen, in derselben Manier, wie Isis ihren Sohn Horus füttert.

Caesar selbst äußerte sich nie offiziell über seine Gefühle für Kleopatra oder ihren Sohn. Doch er ließ im Tempel der Venus Genetrix seines neu errichteten Forums eine goldene Statue von Kleopatra aufstellen, womit er im Grunde seine ägyptische Geliebte dem römischen Volk als Muttergöttin präsentierte. Seine außenpolitischen Verstrickungen wurden für jedermann sichtbar. Er brauchte Ägyptens Reichtum zur weiteren Konsolidierung seiner Macht. Die Tatsache, dass Ägypten bei Rom in der Kreide stand, ließ sich zu seinem politischen Vorteil nutzen, und das wusste er. Mit dem Aufstellen einer Statue Kleopatras setzte er in vielerlei Hinsicht ein Zeichen.

„Caesar gibt Kleopatra den ägyptischen Thron" von Pietro da Cortona (1596–1669).

MORDE UM DER MACHT WILLEN

44 v. Chr. wurde Caesar von Mitsenatoren in Rom ermordet. Kleopatra hielt sich zu jener Zeit ebenfalls dort auf, zusammen mit ihrer beider dreijährigem Sohn. Vermutlich war sie nach Rom gereist, um Caesar dazu zu bewegen, den Jungen als seinen Sohn und Erben anzuerkennen. Sie musste Italien unverrichteter Dinge verlassen.

Kleopatra war nun ohne römischen Schutzherrn. Die Männer, die Caesar getötet hatten, hatten es auf Ägypten abgesehen – und auf sie. Sie musste ihre Macht festigen. Der erste Schritt war die Ermordung ihres jüngeren Bruders und Mitregenten Ptolemaios XIV. Die Methode war Gift, die Sache schnell erledigt. Kleopatra war klar, dass es einfacher sein würde, an der Macht zu bleiben, wenn sie eine männliche Präsenz an ihrer Seite hatte. Daher erhob sie ihren Sohn Caesarion zum Mitregenten. Angesichts der Tatsache, dass jedermann wusste, dass er Julius Caesars Abkömmling war, führte dies zu einer spannenden neuen politischen Beziehung zu Rom.

Eine Statue des Horus, Sohn der Göttin Isis, zusammen mit Caesarion, Sohn der Kleopatra. Kleopatra setzte ihre Beziehung zu ihrem Sohn mit jener von Isis zu deren Kind gleich.

KLEOPATRAS ALEXANDRIA

331 v. Chr. von Alexander dem Großen gegründet, entwickelte sich die Stadt am Mittelmeer unter den Ptolemäern zum weltweit bedeutendsten Zentrum von Handel, Kultur und Wissenschaften. Ruinen der antiken Bauten liegen heute unter dem Meeresspiegel oder unter modernen Gebäuden. Diese Rekonstruktion vermittelt ein Bild davon, wie die Stadt zur Zeit von Kleopatras Herrschaft ausgesehen haben könnte, als dort eine vielleicht 325 000-köpfige multikulturelle Bevölkerung lebte.

Leuchtturm von Pharos
Eines der sieben Weltwunder der Antike ist der im 3. vorchristlichen Jahrhundert errichtete Leuchtturm. Er dürfte über 90 Meter hoch gewesen sein.

Taposiris Magna
Die Suche nach dem Grab von Kleopatra und Marcus Antonius erstreckt sich bis zu den Tempelruinen dieses Ortes, der die Gottheiten Isis und Osiris in seinem Namen trug.

Isis-Skulptur aus Taposiris Magna.

Tempelkomplex von Taposiris Magna.

Mareotis-See
Dieser See, der über Kanäle mit Nil und Mittelmeer verbunden war, ist heute viel kleiner. Zu Kleopatras Zeiten, als vor allem Ägypten die Kornkammern Roms füllte, war er von großer Bedeutung für die Schifffahrt.

Das Heptastadion war ein riesiger Damm, der zudem als Wellenbrecher für den Hafen und als Aquädukt diente, das Wasser zur Insel Pharos brachte.

Antiken Berichten zufolge war die große, in Ost-West-Richtung verlaufende Prachtstraße der Stadt bis zu 30 Meter breit.

LIEBE UND POLITIK

Kleopatra war etwa 14, als sie Marcus Antonius zum ersten Mal begegnete. Der gutaussehende, damals 25-jährige römische Offizier war nach Alexandria ensandt worden, um die militärischen und politischen Interessen Roms zu vertreten. Antonius sollte später sagen, er habe sich schon damals in Kleopatra verliebt. Dass sie Antonius' Gefühle erwidert hätte, ist nicht überliefert, doch möglicherweise freundeten sich die beiden an. Kleopatra war zwar jung, als sie sich begegneten, über die Skrupellosigkeit der Welt, in der sie lebte, machte sie sich allerdings keine Illusionen.

Rechts: „Das Gastmahl der Kleopatra" von Gerard de Lairesse (1640–1711).

Unten: Eine Kalksteinstatue aus der Zeit zwischen 50 und 30 v. Chr. zeigt die Ähnlichkeit zwischen Kleopatras Zwillingen Kleopatra Selene und Alexander Helios.

KLEOPATRA UND MARCUS ANTONIUS

Marcus Antonius, ehemals Caesars rechte Hand, war jetzt der mächtigste Feldherr Roms und daher ein perfekter politischer Partner für Kleopatra. Auch ihm scheint klar gewesen zu sein, dass sie gut zueinander passten. Antonius unternahm den ersten Schritt, indem er sie in einem Schreiben aufforderte, aus Alexandria zu ihm nach Griechenland zu kommen. Er brauchte eine Möglichkeit, seine Truppen zu entlohnen und Bündnispartner im Osten auszuzahlen. Sie brauchte einen römischen Schutzherrn.

Wohl wissend, was Antonius in einem potenziellen Bundesgenossen suchte – schnelles Geld –, sorgte Kleopatra dafür, dass ihre Ankunft in Tarsus zu einer Demonstration von Reichtum und Überfluss geriet. Gewandet wie eine Göttin, gestaltete sie ihren Einzug mit einer prunkvollen Binnenschiffsparade. Die Nachricht von Kleopatras pompösem Korso verbreitete sich bis nach Rom, wo sich das Volk über ihre Verschwendungssucht echauffierte.

Kleopatra besaß eine robuste Gesundheit. Zu einer Zeit, in der Zwillingsgeburten höchst gefährlich waren, schenkte sie Antonius ein Zwillingspärchen. Generell scheint Kleopatra hinsichtlich

ihrer Schwangerschaften immer auch strategisch gedacht zu haben. Sie verhinderte sie oder brach sie ab, wenn sie ihr nicht von Nutzen waren. Sie behielt nur die Kinder, die ihre Position als unverheiratete Herrscherin Ägyptens stärken würden.

Während sich Antonius auf einem Feldzug befand, kehrte Kleopatra hochschwanger nach Ägypten zurück, wo sie einen weiteren Sohn ihres römischen Liebhabers zur Welt brachte. Sie nannte ihn Ptolemaios Philadelphos, nach einem ihrer berühmtesten Vorfahren, Ptolemaios II. Philadelphos - eine Anspielung auf jene Zeiten, als der gesamte östliche Mittelmeerraum zum Herrschaftsbereich Ägyptens gehörte. Es hätte nicht besser aussehen können für Kleopatra.

NIEDERGANG

Kleopatras Name spukte durch jede Diskussion über römische Politik. Sie hatte den einzigen bekannten Sohn Julius Caesars geboren. Ihre Kinder von

„Ptolemaios Philadelphos gründet die Alexandrinische Bibliothek" von Vincenzo Camuccini (1771–1844).

TRAGISCHES ENDE

In der Hoffnung, einen Heldentod zu sterben, stürzte sich Marcus Antonius in sein Schwert. Kleopatra gab ihr Bestes, die Militärmacht zu bezwingen, indem sie eine Konkurrenzdynastie von Söhnen und Töchtern schuf, deren Väter die mächtigsten Männer Roms gewesen waren. Fast wäre es ihr gelungen, doch letztlich holte sich Octavian das Land am Nil. Mag sein, dass Kleopatra sich entschied, Selbstmord zu begehen. Doch da sie eine derart große Gefahr für Rom darstellte, ist durchaus denkbar, dass ihr Tod ein Königsmord war.

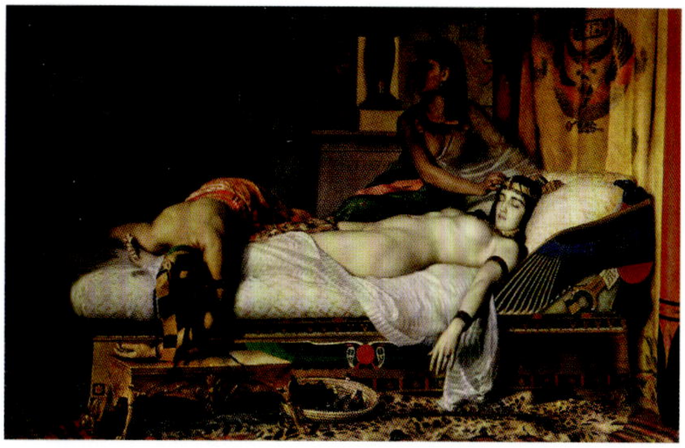

„Der Tod der Kleopatra" von Jean Andre Rixens (1846-1924).

Antonius festigten ihre territorialen Ansprüche. Antonius lebte bei ihr in Alexandria und hatte sich seit Jahren nicht in Rom blicken lassen. Er ignorierte seine römische Gemahlin und vertraute darauf, dass seine Anhänger im Senat seine Interessen vertraten. Doch angesichts eines drohenden Krieges und eines tief gespaltenen Roms nahm Kleopatras Ruf Schaden.

Sowohl Antonius als auch Kleopatra begann ein scharfer Gegenwind entgegenzuschlagen. Der römische Befehlshaber in Libyen wechselte die Fronten und lief formell zu Octavian über, Caesars Neffen und offiziellem Erben, dem späteren Kaiser Augustus. Gleiches passierte mit weiteren römischen Legionen und Bündnispartnern im östlichen Mittelmeerraum.

Kleopatras endgültiger Untergang war im Wesentlichen auf zwei Faktoren zurückzuführen: zum einen auf den Wassermangel im Nil. Ohne zuverlässige reiche Ernten hatte sie einen schweren Stand, da Ägyptens Macht auf üppigem landwirtschaftlichem Ertrag beruhte. Zudem war sie von profitablen Kontakten zu römischen Geldgebern und den Heerführern im Mittelmeerraum abhängig – dort konnten sich die Machtverhältnisse aber jeden Moment ändern. Letztlich war es die militärische Selbstüberschätzung Antonius', die den tragischen Niedergang Ägyptens besiegelte. Seine Schlachten überlasteten die Finanzen, Kleopatras Stellung wurde irreparabel geschwächt. Sie war nicht mehr in der Lage, ihr Land vor der römischen Herrschaft zu schützen. Ägypten sollte in die Knie gezwungen und zu einem Teil eines anderen mächtigen Reichs gemacht werden. Kleopatra sollte die letzte Frau sein, die das Antike Ägypten beherrschte.

Heute denken wir an Kleopatra als eine kapriziöse und emotional unbeständige Frau. Doch sie war auch eine wilde Kämpferin und brillante Strategin, die alles in ihrer Macht Stehende unternahm, um ihr Volk zu retten. Kleopatras Ende ist auch deshalb tragisch, weil sie so kurz davorstand, so viel zu erreichen.

IMPRESSUM

Für die National Geographic Special Ausgabe

CHEFREDAKTEUR Werner Siefer

STELLV. CHEFREDAKTEURIN Claudia Eilers
CREATIVE DIRECTOR Katja Heller

CHEFIN VOM DIENST Grit Häußler
REDAKTIONELLE BEARBEITUNG Barbara Esser

BILDREDAKTEURIN Kristin Schütte
GRAFIK Ralph Hellberg
KARTOGRAF Ralf Bitter

SCHLUSSREDAKTEURIN Helga Peterz

REDAKTIONSMANAGEMENT Anna Jauch

ÜBERSETZUNG
Dr. Karin Rausch, Dr. Eva Dempewolf

HERSTELLUNG
Sandra Kho (Ltg.)
Grit Häußler

WHEN WOMEN RULED THE WORLD
Kathlyn Cooney

PRODUCED BY
NATIONAL GEOGRAPHIC PARTNERS, LLC
1145 17th Street NW
Washington, DC 20036-4688 USA

Designed by Linda Makarov

Published by Meredith Corporation
225 Liberty Street • New York, NY 10281

VERLAG UND SITZ DER REDAKTION
NG Media GmbH & Co. KG
Infanteriestraße 11a, 80797 München
Tel.: (089)130699-0, Fax: (089)130699-100

Für die Buchausgabe

Titel der englischen Originalausgabe: WHEN WOMEN RULED THE WORLD
Unveränderter Nachdruck des National Geographic Special HERSCHERINNEN IM ALTEN ÄGYPTEN, 2020.

Printed in China C&C Offset Printing Co., LTD.

In diesem Buch wird aus Gründen der besseren Lesbarkeit das generische Maskulinum verwendet. Weibliche und andere Geschlechteridentitäten werden dabei ausdrücklich mitgemeint, soweit es für die Aussage erforderlich ist.

Die Deutsche Nationalbibliothek verzeichnet diese Publikation in der Deutschen Nationalbibliografie; detaillierte bibliografische Daten sind im Internet über http://dnb.d-nb.de abrufbar.

Deutsche Ausgabe veröffentlicht von NG Buchverlag GmbH, Infanteriestr. 11a, 80797 München. Lizenznehmer von National Geographic Partners, LLC

This edition is published by NG Buchverlag GmbH through licensing agreement with National Geographic Partners, LLC.

ISBN 978-3-98701-005-7

Seit ihrer Gründung 1888 hat sich die National Geographic Society weltweit an mehr als 14 000 Expeditionen, Forschungs- und Schutzprojekten beteiligt. Die Gesellschaft erhält Fördermittel von National Geographic Partners LLC, unterstützt unter anderem durch Ihren Kauf. Ein Teil der Einnahmen dieses Buches hilft uns bei der lebenswichtigen Arbeit zur Bewahrung unserer Welt. Das legendäre NATIONAL GEOGRAPHIC-Magazin erscheint monatlich. Darin veröffentlichen namhafte Fotografen ihre Bilder und renommierte Autoren berichten aus nahezu allen Wissensgebieten der Welt. National Geographic im TV ist ein Premium Dokumentations-Sender, der ein informatives und unterhaltsames Programm rund um die Themen Wissenschaft, Technik, Geschichte und Weltkulturen bereithält. Falls Sie mehr über National Geographic wissen wollen, besuchen Sie unsere Website unter www.nationalgeographic.de.

FOTOCREDITS

Cover, Victor R. Boswell, Jr./National Geographic Image Collection; 1, Bridgman, Frederick Arthur (1847-1928)/American/Dahesh Museum of Art, New York, USA/Bridgeman Images; 2-3, Terry J Lawrence/Getty Images; 4, Kenneth Garrett/National Geographic Image Collection; 5, DeA Picture Library/S. Vannini/Art Resource, NY; 6 (UP), Matania, Fortunino (1881-1963)/Italian/Private Kollektion/© Look and Learn/Bridgeman Images; 6 (LO), Alain Guilleux/Alamy Stock Foto; 7, Mikel Healey Fotografie; 8-9, Kenneth Garrett/National Geographic Image Collection; 10, Wolfgang Kaehler/LightRocket via Getty Images; 11, Palermo, Museo Archeologico Regionale/De Agostini Picture Library/Bridgeman Images; 12, Ashmolean Museum/Heritage Images/Getty Images; 13, Louvre, Paris, France/Bridgeman Images; 14, Mike P Shepherd/Alamy Stock Foto; 15, British Museum, London, Great Britain/© The Trustees of the British Museum/Art Resource, NY; 16, Kenneth Garrett/National Geographic Image Collection; 17, De Agostini Picture Library/S. Vannini/Bridgeman Images; 18, Archive PL/Alamy Stock Foto; 19, Kenneth Garrett/DanitaDelimont/Alamy Stock Foto; 20, © Musée du Louvre, Diswt. RMN-Grand Palais/Georges Poncet/Art Resource, NY; 21, Metropolitan Museum of Art, Purchase, Rogers Fund and Henry Walters Gift, 1916 (16.13a, b); 22, Historical Views/age fotostock/Alamy Stock Foto; 23, A. Dagli Orti/De Agostini Picture Library/Bridgeman Images; 24 (UP), Egyptian National Museum, Cairo, Egypt/G. Dagli Orti/De Agostini Picture Library/Bridgeman Images; 24 (LO), Cleveland Museum of Art, OH, USA, Purchase from the J. H. Wade Fund/Bridgeman Images; 28, Kenneth Garrett; 28, Egyptian National Museum, Cairo, Egypt/Bridgeman Images; 29, Jose Lucas/Alamy Stock Foto; 30-31, Peter Adams Photography Ltd/Alamy Stock Foto; 32, bpk/Ägyptisches Museum und Papyrussammlung, SMB / Else Grantz; 33, © UCL (Petrie Museum), #uc14337; 34, Kenneth Garrett/National Geographic Image Collection; 35, Werner Forman/Universal Images Group/Getty Images; 36, Louvre, Paris, France/G. Dagli Orti/De Agostini Picture Library/Bridgeman Images; 37, James Morris/Art Resource, NY; 38, British Museum, London, Great Britain/© The Trustees of the British Museum/Art Resource, NY; 39, Luxor Museum, Egypt/Tarker/Bridgeman Images; 41, Kenneth Garrett/National Geographic Image Collection; 43, Kenneth Garrett/National Geographic Image Collection; 45 (UP), Tomas Abad/Alamy Stock Foto; 45 (LO), Cultural Archive/Alamy Stock Foto; 46-47, Kenneth Garrett/National Geographic Image Collection; 48, Pictures from History/Bridgeman Images; 49, Education Images/Universal Images Group/Alamy Stock Foto; 50 (UP), Werner Forman/Universal Images Group/Getty Images; 50 (LO), Egyptian Museum, Turin, Italy/De Agostini Picture Library/Bridgeman Images; 52, Victor R. Boswell, Jr./National Geographic Image Collection; 53, Cultural Archive/Alamy Stock Foto; 54, Museum of Fine Arts, Boston, Massachusetts, USA/Egyptian Curator's Fund/Bridgeman Images; 55, Prisma/UIG/Getty Images; 56, Egyptian National Museum, Cairo, Egypt/Bridgeman Images; 57, Image copyright © The Metropolitan Museum of Art. Image source: Art Resource, NY; 58, bpk/Ägyptisches Museum und Papyrussammlung, SMB, Verein zur Förderung des Ägyptischen Museums Berlin e.V. / Margarete Büsing; 59, Kenneth Garrett/National Geographic Image Collection; 60, Leemage/Corbis via Getty Images; 61, Art by Michael Mallinson and Adam Howard, RedVision/4Site. Models fotografiert von Robert Clark; 62, Kenneth Garrett/National Geographic Image Collection; 63, Kenneth Garrett/National Geographic Image Collection; 64-65, Kenneth Garrett; 66, Adam Eastland/Alamy Stock Foto; 67, Emory Kristof/National Geographic Image Collection; 68, Francis Dzikowski/akg-images; 69, Egyptian National Museum, Cairo, Egypt/Bridgeman Images; 70, DeA Picture Library/Art Resource, NY; 71, DeA Picture Library/Art Resource, NY; 72, Dallet-Alba/Alamy Stock Foto; 73, DeA Picture Library/Art Resource, NY; 74, Francis Dzikowski/akg-images; 75, akg-images/Bildarchiv Steffens; 76, akg-images/WHA/World History Archives; 77(UP), Francis Dzikowski/akg-images; 77 (LO), Egyptian National Museum, Cairo, Egypt/© A. Dagli Orti/De Agostini Picture Library/Bridgeman Images; 78, Francis Dzikowski/akg-images; 79, akg-images/François Guénet; 88, Waterhouse, John William (1849-1917)/Private Collection/akg-images; 81, akg-images/Liszt Collection; 82, Kenneth Garrett/National Geographic Image Collection; 83, Granger.com - All rights reserved; 84-85, Jack Kotz; 86, Ángel M. Felicísimo via flickr (https://creativecommons.org/licenses/by/2.0/legalcode); 87, Tarker/Bridgeman Images; 88, Cortona, Pietro da (Berrettini) (1596-1669)/Italian/Musée des Beaux-Arts, Lyon, France/Bridgeman Images; 89, Tarker/Bridgeman Images; 92, Kenneth Garrett/National Geographic Image Collection; 93, Gerard de Lairesse/State Open-air Museum Pavlovsk Palace, St. Petersburg, Russia/HIP/Art Resource, NY; 94, Vincenzo Camuccini (1771-1844)/Naples, Galleria Naz. di Capodimonte/akg-images/MPortfolio/Electa; 95, Rixens, Jean-Andre (1846-1924)/French/Musée des Augustins, Toulouse, France/Bridgeman Images;

KARTEN CREDITS

17, aktualisiert von Mapping Specialists, Ltd., und NG Maps, Kunst von Richard Schlecht, NG Maps; 25, aktualisiert von Mapping Specialists, Ltd., und NG Maps; 42, NG Maps; 51, aktualisiert von Mapping Specialists, Ltd., and NG Maps, Relief von Tibor G. Tóth, NGM Maps; 89, aktualisiert von Mapping Specialists, Ltd., und NG Maps, NGM Maps und International Mapping, source: Duane W. Roller, Ohio State University; 90–91, aktualisiert von NG Maps, Fernando G. Baptista und Amanda Hobbs, NGM staff, art: Jaime Jones, NGM Maps, Quellen: European Institute of Underwater Archaeology (IEASM), Egypt's Sunken Treasures: The Ancient City of Alexandria (Asahi Shimbun and Topping Printing), Judith McKenzie, The Architecture of Alexandria and Egypt, and Duane W. Roller, Ohio State University.